거짓에 속고 있는 교회에게

WARNINGS TO THE CHURCHES
by J. C. Ryle

잉글랜드 P&R 시리즈는 개신교를 탄생시킨 존 칼빈의 사상을 그대로 이어받아 신앙의 삶으로 구현한 청교도들, 그중에서도 가장 왕성하고도 풍부한 저술 활동으로 헤아릴 수도 없는 명저들이 가득한 잉글랜드 청교도와 그 신앙을 계승한 영적 위인들의 저서를 소개한다. 존 후퍼(John Hooper), 윌리엄 퍼킨스(William Perkins), 리차드 십스(Richard Sibbes), 토마스 굿윈(Thomas Goodwin), 리차드 백스터(Richard Baxter), 존 오웬(John Owen), 존 번연(John Bunyan), 매튜 헨리(Matthew Henry), 조지 휫필드(George Whitefield), 존 라일(John Ryle), 찰스 스펄전(Charles Spurgeon), 마틴 로이드 존스(Martyn Lloyd-Jones) 등 일일이 열거하기 힘들 만큼 많은 영적 위인들이 잉글랜드 개혁신앙의 맥을 이어 왔다.

거짓에 속고 있는 교회에게

J. C. 라일 지음 | 조계광 옮김

지평서원

CONTENTS

■ 편집자 머리말 · · · 6

Chapter 1 | 참된 교회 · · · 9

Chapter 2 | 하나님의 말씀을 혼잡하게 하지 말라 · · · 43

Chapter 3 | 이 모든 일에 전심전력하라 · · · 57

Chapter 4 | 바리새인과 사두개인들의 누룩 · · · 69

Chapter 5 | 여러 가지 다른 교훈 · · · 111

Chapter 6 | 오류에서 자유로운 사람은 없다 · · · 145

Chapter 7 | 사도의 두려움 · · · 191

Chapter 8 | 우상 숭배 · · · 223

 편집자 머리말

19세기 영국의 기독교는 급격한 내리막길을 걷고 있었다. 산업혁명 이후 급변하는 시대의 조류 속에서 교회는 자기 자리를 잃어버린 채 혼란에 빠져 있었다.

저자인 J. C. 라일(J. C. Ryle)이 속해 있던 영국 국교회(성공회)의 경우, 종교개혁 신앙의 명맥을 유지해 오던 복음주의 진영에 맞서, 자유주의 분파와 가톨릭주의 분파가 날로 강성해졌고, 인본주의와 의식주의를 내세우는 이들이 교회에서 그 영향력을 키워 가고 있었다.

그런 상황 가운데 이 책은 자유주의와 가톨릭주의의 신앙에 뿌리 깊게 도사리고 있는 거짓 교리를 밝히고, 거기에 속고 있는 교회를 향하여 진리로 견고하게 서라고 독려한다. 저자는 교회에 침투한 교묘한 속임수들의 실상을 파헤치고, 그 해악들이 복음을 훼손하고, 급기야 교회를 무너뜨릴 것이라고 엄중히 경고한다.

그러나 우리가 잘 알다시피, 영국 교회는 라일과 찰스 스펄전(Charles H. Spurgeon) 같은 19세기 영적 거장들의 분투에도 복음의 능력을 잃어버린 채 하나님의 영광으로부터 멀어지고, 교회당이 텅텅 비어 가는 몰락의 역사를 맞이하게 되었다.

최근 참복음과 진리를 잃어버린 채 갈팡질팡하며 급격히 내리막길을 걷고 있는 듯한 한국 교회의 현실을 바라보면서 영국 교회의 전철를 밟는 것이 아니냐는 우려의 목소리가 커지고 있다. 곳곳에서 성경을 벗어난 교묘한 거짓 교리들이 신자들을 미혹하고 있으며, 채 인지하기도 전에 그런 풍조들에 깊이 물들어 가고 있다. 이런 때에 라일의 강력한 경고의 목소리가 분명 큰 유익이 될 것이다.

이 책에는 1858년에 영국의 웨스턴슈퍼메어(Weston-super-Mare)에서 열린 국교회 사역자 총회에서 전해진 세 편의 강연들과, 『핵심 진리』(*Home Truths*)라는 연속 기획물로 출판된 바 있는 논문들이 함께 실려 있다.

1. THE TRUE CHURCH

Upon this rock I will build my Church

; and the gates of hell shall not prevail against it.

(Matthew 16:18)

---

* 1장-3장은 1858년 8월, 웨스턴슈퍼메어에서 영국 국교회 부감독 로(Law)의 주재로 열린 사역자 총회에서 전한 강연이다. 2장과 3장의 강연은 기록원이 받아 적은 후에 저자가 직접 내용을 검토한 것이다.

Chapter 1
참된 교회

"내가 이 반석 위에 내 교회를 세우리니
음부의 권세가 이기지 못하리라"(마 16:18).

우리는 만물이 덧없이 사라지는 세상에 살고 있다. 왕국, 제국, 도시, 제도, 가족 등 모든 것이 변하고 퇴락한다. 한 가지 보편 법칙이 모든 곳에 적용되는 듯하다. 즉, 피조물은 모두 썩어 없어지는 속성을 가지고 있다.

이런 현실을 생각하면, 마음이 우울하고 슬프다. 사람의 손으로 수고한 것에 무슨 유익이 있을까? 영원히 지속되며 끝까지 견고한 것은 진정 어디에도 없단 말인가? "영원하다"라고 말할 수 있는 것이 아무것도 없는 것일까? 이 질문의 대답이 마태복음 16장 18절 말씀에 있다. 우리 주 예수 그리스도께서는 덧없이 사라지지 않고, 영원히 존재하는 것을 말씀하신다. 피조물 가운데 방금 말한 보편 법칙이 적용되지 않는 것은 딱 하나뿐이다. 그것은 바로 반석 위에 세워진 주 예수 그리스도의 교회이다. 그리스도께서는 "내가 이 반석 위에 내 교회를 세우리니 음부의 권세가 이기지 못하리라"라고 선언하신다.

이 말씀에서 주목해야 할 다섯 가지 요점이 있다.

- "내 교회"라는 건축물
- "내 교회를 세우리니"라고 말씀하신 건축가
- "이 반석"이라는 토대
- "음부(지옥)의 권세"라는 위협 요인
- "이기지 못하리라"라는 안전에 대한 보장

하나님께서 이 말씀에 복 주시기를 바란다. 이번 장을 통해 모두가 각자의 마음을 살펴 자신이 이 교회에 속해 있는지를 생각해 보기 바란다. 또한 모두 깊이 반성하며 기도하는 마음으로 각자의 삶으로 돌아가게 되기를 기도한다.

"내 교회"라는 건축물

주 예수 그리스도께서는 "내 교회"라고 말씀하신다. 이 교회는 과연 무엇일까? 이보다 더 중요한 질문은 없다고 해도 과언이 아니다. 이 주제에 주의를 기울여야 마땅한데도 그렇게 하지 않는 탓에 결코 적지도, 작지도 않은 오류가 교회와 세상에 깊숙이 침투해 들어와 있다.

이 교회는 유형의 건축물이 아니다. 여기서의 교회는 나무나 벽돌, 돌이나 대리석을 사용해 손으로 지은 예배당이 아니라 사람들로 구성된 공동체를 가리킨다. 이 교회는 세상에 있는 유형 교회나 동방 교회나 서방 교회, 또는 잉글랜드 교회나 스코틀랜드 교회를 가리키지 않는다. 로마 가톨릭교회도 여기에 해당되지 않는다. 여기서 말하는 교회는 인간의 눈에는 하찮게 보일지 몰라도 하나님의 눈에는 지극히 보배롭다.

이 교회는 주 예수 그리스도를 믿는 참신자들로 구성된다. 죄를 뉘우치고 믿음으로 그리스도께 나아가 그분 안에서 새로운 피조물로 거듭난 사람들로 이루어져 있다. 하나님께서 선택하신 사람들, 그분의 은혜를 입은 사람들, 그리스도의 보혈로 씻음 받은 사람들, 그리스도의 의로 옷 입은 사람들, 그리스도의 영으로 거듭나 거룩하게 된 사람들이 이 교회에 속한다. 나라와 민족과 언어는 달라도 그런 사람들이 모두 여기서 말하는 교회를 구성한다. 이 교회는 그리스도의 몸이요 그분의 양 떼요 그분의 신부, 즉 어린양의 신부이다. 이것이 사도신경의 "거룩한 공회"라는 표현과 '공동 기도서(Book of Common Prayer)'의 "충실한 모든 자들의 공동체"라는 표현에 담겨 있는 의미이다. 이 교회가 반석 위에 세워져 있다.

이 교회에 속한 지체들은 모두 똑같은 방식으로 하나님을 예배하지도 않고, 동일한 형태의 정치 체제를 가지고 있지도 않다. 국교회의 서른네 번째 신조는 "의식(ceremony)이 모든 곳에서 똑같아야 할 필요는 없다"라고 말한다. 그러나 참신자는 모두 한마음으로 예배한다. 그들은 한 성령의 인도를 받으며, 모두 진정으로 거룩하고, 한목소리로 "할렐루야"라고 외치고 "아멘"으로 화답한다.

세상의 유형 교회는 모두 이 보편 교회를 섬기는 종이요 시녀이다. 감독교회든 독립교회든 장로교회든, 모두가 하나의 참된 교회를 위해 기여한다. 세상의 교회는 큰 건축물을 짓는 데 필요한 비계(飛階)와도 같다. 세상의 교회는 껍데기요, 그 안에 살아 있는 알곡이 자란다. 물론 세상의 교회도 여러모로

쓸모가 있다. 그중 가장 가치 있는 쓰임새는 그리스도의 참된 교회를 위해 신자들을 양육하고 훈련하는 것이다. 그러나 유형 교회는 "우리가 바로 유일하고도 참된 교회이다. 우리가 진정한 교회이다. 우리가 없으면 지혜도 없다"라고 말할 수 없다. 또한 "우리는 영원할 것이다. 음부(지옥)의 권세가 우리를 이기지 못할 것이다"라고 감히 주장할 수도 없다.

끝까지 지켜 보존하고 영광스럽게 하시겠다는 주님의 약속은 보편 교회에 적용된다. 리차드 후커(Richard Hooker)는 이렇게 말한다. "성경은 하나님께서 자신의 교회를 향해 한량없는 사랑과 구원의 은혜를 베푸신다고 말한다. 이 말씀은 우리가 그리스도의 신비한 몸이라고 일컫는 보편 교회에 적용된다." 참된 교회가 세상에서 아무리 멸시와 천대를 받더라도 하나님께서 보실 때는 지극히 보배롭고 존귀하기만 하다. 그토록 영광스러웠던 솔로몬의 성전도 반석 위에 세워진 교회에 비하면 참으로 누추하고 초라할 뿐이다.

형제들이여, 교회에 관한 건전한 교리를 굳게 붙잡으라. 그렇지 않으면 영혼을 해치는 중대한 잘못을 저지르기 쉽다. 우리 목회자들은 참신자들로 구성된 교회 안에서 말씀을 선포하는 특별한 임무를 부여받았다. 우리는 사람들이 죄를 뉘우치고 복음을 받아들여 참신자들의 공동체에 참여하기를 바란다. 사람들이 새로운 피조물로 거듭나 하나의 참된 교회의 지체가 될 때까지 우리는 결코 만족할 수 없다. 그때까지 우리의 사역은 끝나지 않고 계속되어야 한다.

"내 교회를 세우리니"라고 말씀하신 건축가

이제 우리가 주목해야 할 둘째 요점을 살펴보자. 마태복음 16장 18절은 건축물은 물론 건축가도 언급한다. 주 예수 그리스도께서 "내 교회를 세우리니"라고 말씀하신다.

복되신 성삼위 하나님께서 모두 관여하여 그리스도의 참된 교회를 자애롭게 보살피신다. 구원의 경륜 안에서 성부 하나님은 그리스도의 신비한 몸에 속한 지체들을 선택하시고, 성령께서는 그들을 거룩하게 하신다. 성부와 성자와 성령, 곧 한 분이며 삼위로 계시는 하나님께서 선택받은 영혼의 구원을 위해 서로 협력하신다. 이 진리를 절대 잊어서는 안 된다. 성삼위 하나님 가운데서 특히 주 예수 그리스도께서는 교회의 특별한 도움이 되신다. 그분은 구원자요 구속자이시다. 그래서 그리스도께서 "내 교회를 세우리니"라고 말씀하신 것이다. 즉,

"교회를 세우는 일이 내가 맡은 특별한 사역이다"라고 말씀하시는 것이다.

때가 되면 그리스도께서 교회의 모든 지체를 부르실 것이다. 참신자는 모두 "예수 그리스도의 것으로 부르심을 받은 자"(롬 1:6)이다. 또한 "아들도 자기가 원하는 자들을 살리느니라"(요 5:21)라는 말씀대로, 그들을 살리시는 분도 그리스도이시다. 그리스도께서 그들의 죄를 씻어 주신다.

"우리를 사랑하사 그의 피로 우리 죄에서 우리를 해방하시고"(계 1:5).

"평안을 너희에게 끼치노니 곧 나의 평안을 너희에게 주노라"(요 14:27).

"내가 그들에게 영생을 주노니 영원히 멸망하지 아니할 것이요."(요 10:28).

이 말씀대로 평화를 주시는 분도 그리스도이시고, 영생을 주시는 분도 그리스도이시다. 또한 회개의 은혜를 허락하시는 분도 그리스도이시다. 사도들은 "회개함과 죄 사함을 주시려고 그를 오른손으로 높이사 임금과 구주로 삼으셨느니라"(행 5:31)라고 말한다.

"영접하는 자 곧 그 이름을 믿는 자들에게는 하나님의 자녀가 되는 권세를 주셨으니"(요 1:12).

"내가 살아 있고 너희도 살아 있겠음이라"(요 14:19).

믿는 자들이 하나님의 자녀가 될 수 있게 하시는 분도 그리스도이시고, 그들 안에서 시작된 구원 사역을 계속 이루시는 분도 그리스도이시다. 아버지께서 모든 충만으로 예수 안에 거하게 하신다(골 1:19 참고). 그리스도께서 믿음의 창시자요 완성자이시다. 그리스도의 신비로운 몸에 속하는 각 마디와 지체가 모두 그분을 통해 필요한 것을 공급받는다. 그들은 그분이 주시는 힘으로 각자에게 주어진 의무를 감당한다. 그리스도께서 그들이 실족하지 않도록 지켜 주신다. 그분이 그들을 끝까지 보존하여 지극히 큰 기쁨으로 성부의 보좌 앞에 그들을 흠 없이 바치신다. 그리스도께서 신자의 전부요 모든 것이 되신다.

물론 교회의 지체들 사이에서 이 모든 사역을 이루시는 분은 주 예수 그리스도의 강력한 대리자로 일하시는 성령이시다. 성령께서는 그리스도와 그분의 은혜를 영혼에 적용하신다. 성령께서는 사람들을 깨우치고 책망하고 거듭나게 하여 십자가로 인도하시고, 그들을 세상에서 취해 새롭게 변화시키신다. 성령께서는 그런 사역을 통해 마치 돌을 하나씩 쌓아 올

리듯이 그리스도의 신비한 몸을 지으신다.

그러나 구원 사역을 실행해 끝까지 완성하시는 위대한 건축가는 하나님의 아들, 곧 육신이 되신 말씀이시다. 즉, 교회의 건축가는 예수 그리스도이시다.

주 예수님은 참된 교회를 세우실 때 여러 가지 보조 수단을 사용하신다. 복음 사역, 성경 배포, 친절한 책망, 시의 적절한 말, 유익한 고난 등이 그분의 사역을 이루는 수단이자 도구이다. 그리스도께서는 그 모든 것을 감독하는 건축가이시다. 그분은 모든 일을 명령하고 인도하고 지시하신다. 그리스도와 참된 교회에 속한 지체들의 관계는 태양과 태양계의 관계와 같다. 바울은 "나는 심었고 아볼로는 물을 주었으되 오직 하나님께서 자라나게 하셨나니"(고전 3:6)라고 말한다. 설교자들은 말씀을 전하고 저술가들은 글을 쓰지만, 참된 교회를 세우시는 분은 오직 그리스도뿐이시다. 그분이 세우시지 않으면, 모든 작업이 중단된다.

교회를 세우시는 그리스도의 지혜는 참으로 위대하다. 모든 일이 정확한 시간에, 정확한 방법으로 이루어진다. 돌 하나하나가 한 치도 어긋남 없이 제자리에 놓인다. 그분은 때로는 큰 돌을 사용하고, 때로는 작은 돌을 사용하신다. 때로는 작업이 빠르게 진행되고, 때로는 느리게 진행된다. 사람들은 종종 아무것도 이루어지지 않고 있다고 생각하면서 조급해한다. 그러나 하나님의 시간은 인간의 시간과 다르다. 하나님께서는 하루가 천 년 같고 천 년이 하루 같다(벧후 3:8 참고). 위대하신 건축가는 실수하시는 법이 없다. 그분은 자신이 무엇을 하는지를 잘 아신다. 그분은 처음 시작하는 순간에 이미 끝을 바라보신다. 그분은 변하지 않는 완전한 계획을 근거로 역사하신다. 미켈란젤로(Michelangelo, 이탈리아의 화가이자 조각가)와 크리스토퍼 렌(Christopher Wren, 영국의 과학자이자 건축가)과 같은 건축가들이 고안해 낸 가장 기발한 생각마저도 교회를 세우시는 그리스도의 지혜에 비하면 한갓 어린아이의 장난에 지나지 않는다.

   그리스도께서 교회를 세우면서 보여 주신 겸양과 긍휼도 위대하기 그지없다. 그분은 종종 가장 투박하고 볼품없는 돌을 선택해 가장 훌륭한 결과물을 빚어내신다. 그분은 과거에 지은 죄와 허물이 크다는 이유로 누구를 멸시하거나 거부하시지 않는다. 그분은 긍휼을 베풀기를 기뻐하신다. 그분은 한없이 경솔하고 경건하지 못한 사람들을 선택해 신령한 성전을 떠받치는 아름다운 모퉁잇돌로 바꾸신다.

교회를 세우시는 그리스도의 능력도 위대하기는 마찬가지이다. 그분은 세상과 육신과 마귀의 온갖 방해에도 자신의 사역을 이루신다. 시대의 상황이 태풍과 폭풍우처럼 험하고 요란해도, 교회를 세우는 사역은 조금도 혼란스럽거나 흔들리지 않고 오히려 솔로몬의 성전처럼 조용하고 고요하게 차근차근 진행된다. 그리스도께서는 "내가 일할 것이니 아무도 간섭하지 못할 것이다"라고 말씀하신다.

형제들이여, 세상의 자녀들은 이 교회를 짓는 일에 아무런 관심도 없다. 그들은 영혼의 회심에 무관심하다. 세상의 자녀들은 상한 심령으로 애통해하는 사람을 어떻게 생각할까? 그들은 그런 사람을 어리석게 여긴다. 그러나 세상의 자녀들이 아무 관심이 없더라도, 하나님의 천사들에게 영혼의 회심은 큰 기쁨이다.

하나님께서는 교회를 보존하기 위해 때로는 자연의 법칙조차도 멈추게 하신다. 하나님은 교회를 유익하게 하기 위해 다양한 섭리로 만사를 경영하신다. 선택받은 사람들을 위해 전쟁이 그치고, 평화가 찾아온다.

정치인과 황제, 임금, 대통령과 같은 정부 수반들은 나름대로 계획을 세우고, 그 계획을 매우 중요하게 여긴다. 그러나 그보다 무한히 더 중요한 계획이 바로 지금 진행 중이다. 그들은 하나님의 손에 들린 도끼와 톱에 지나지 않는다. 하나님께서는 살아 있는 돌들을 모아 하나의 참된 교회를 세우신다. 성경에는 신자들과 관련된 말씀에 비해 회개하지 않은 자들과 관련된 말씀은 매우 적게 기록되어 있다. 니므롯은 용감한 사냥꾼이었지만, 그에 관한 이야기는 단 몇 구절뿐이다(창 10:8-12 참고). 반면 믿음의 조상 아브라함에 관한 이야기는 장장 몇 장에 걸쳐 나온다. 성경에서 참된 교회에 관한 사실보다 더 중요한 것은 없다. 세상의 일이 성경에서 차지하는 비중은 지극히 미미하다. 성경의 대부분은 교회와 관련된 이야기이다.

형제들이여, 하나님께서 유일하고도 참된 교회를 세우는 일을 전능하신 주님께 맡기신 것에 영원히 감사하자. 그 일을 인간에게 맡기지 않으신 것으로 하나님을 찬양하자. 그 일을 목회자나 선교사나 위원들에게 맡기지 않으신 것으로 하나님을 찬송하자. 그리스도께서는 전능하신 건축가이시다. 나라들과 이 땅의 교회가 자신에게 주어진 임무조차 파악하지 못할 때에도, 그리스도께서는 자신의 사역을 충실히 이루어 나가실 것이다. 그분은 결코 실패하시지 않는다. 그리스도께서는 시작하신 일을 반드시 완성하실 것이다.

"이 반석"이라는 토대

참된 교회는 반석 위에 세워진다. 우리 주 예수 그리스도께서는 "내가 이 반석 위에 내 교회를 세우리니"(마 16:18)라고 말씀하신다.

주 예수 그리스도께서 말씀하신 '이 반석'이란 무엇일까? 베드로 사도를 가리켜 하신 말씀일까? 나는 그렇게 생각하지 않는다. 만일 베드로를 염두에 두고 말씀하셨다면, 왜 "내가 네 위에 내 교회를 세우겠다"라고 하시지 않았는지 궁금하다. 반석이 베드로를 가리키는 것이라면, "내가 천국 열쇠를 네게 주리니"(마 16:19)라고 하신 것처럼, "내가 네 위에 내 교회를 세우겠다"라고 확실히 말씀하셨을 것이다. 반석은 베드로 사도가 아니라 그가 조금 전에 고백한 신앙고백을 가리킨다. 반석은 불안정하고 실수가 많은 인간 베드로가 아니라 성부 하나님께서 그에게 계시하신 진리를 가리킨다. 반석이신 예수 그리스도에 관한 진리, 곧 중보자요 메시아이신 그리스도에 관한 진리가 바로 교회가 세워지는 반석이다. 예수님이 약속된 구원자요 참된 보증이며 하나님과 인간을 중재하는 중보자시라는 진리가 바로 교회를 떠받치는 반석이요 토대이다.

이 토대는 큰 희생으로 얻어진 결과이다. 이 토대를 위해 하나님의 독생자께서 인간의 본성을 취하고, 우리의 죄를 위해 고난받고 죽임 당하셨다. 또한 이 토대를 위해 그리스도께서 인간의 몸으로 무덤에 장사되셨다가 다시 살아나셨으며, 자기 백성을 위해 영원한 구원을 이루고 하늘에 오르시어 하나님의 오른편에 앉으셨다. 이 외에 다른 모든 토대는 마태복음 16장 18절이 말하는 교회의 무게를 감당할 수 없다. 다른 토대는 죄인들을 구원하는 데 필요한 조건을 충족시킬 수 없다.

이 토대는 매우 튼튼하다. 이 토대는 세상 사람들이 지은 모든 죄의 무게를 감당할 수 있고, 또한 그 위에 세워지는 참신자들의 죄의 무게를 충분히 지탱한다. 이 강력한 토대는 생각으로 짓는 죄와 상상으로 짓는 죄, 마음으로 짓는 죄와 머리로 짓는 죄, 노골적인 죄와 은밀한 죄, 하나님을 거역하는 죄와 사람을 해치는 죄 등 그 종류나 행태와 상관없이 모든 죄를 능히 감당할 수 있다. 그리스도의 중보 사역은 세상의 모든 죄를 속량하기에 충분하다.

그리스도의 참된 교회에 속한 지체들은 모두 이 토대와 하나로 연합된다. 신자들은 여러 가지 면에서 서로 의견이 엇갈리기도 하고, 파벌을 형성하기도 한다. 그러나 영혼의 구원에 관해서는 모두 일치한다. 그들은 모두 반석 위에 세워진다. 그들에게 장래의 희망과 소망, 장차 이루어질 선한 일을 어디에서 발견하느냐고 물어보라. 그러면 모두가 한목소리로 "하나님과 인간을 중재하는 중보자시요 죄인들을 위한 대제사장이자 보증인으로서의 직임을 감당하시는 그리스도이시다"라고 말할 것이다. 이것은 참으로 위대한 진리이다.

우리가 개인적으로 관심을 기울여야 할 문제가 있다. "나는 과연 이 반석 위에 서 있는가? 나는 실제로 이 토대와 연합되어 있는가?" 하는 문제이다. 고명한 레이턴(Leighton) 대주교의 말을 기억하는가? 그는 "하나님께서 지친 죄인들이 편히 쉴 수 있도록 이 보배로운 초석을 놓아 주셨다. 그런데 스스로 신자라고 주장하는 수많은 사람들이 그 초석 주위에 늘어서 있다. 그들이 토대 위에 놓이지 않는다면, 아무렇게나 흩어져 있는 돌들과 조금도 다를 바 없다. 그리스도와 연합하지 않는다면, 그분은 우리에게 아무런 의미가 없다"라고 말했다.

사랑하는 형제들이여, 자신이 하나인 참된 교회에 속해 있는지 자신의 토대를 주의 깊게 살펴보라. 이것은 오직 자신만이 알 수 있는 사실이다. 우리가 공중 예배를 드리는 모습은 누구나 확인할 수 있지만, 우리가 실제로 반석 위에 서 있는지는 아무도 알 수 없다. 또 우리가 성찬에 참여하는 모습은 누구나 확인할 수 있지만, 우리가 실제로 그리스도와 연합해 그분과 하나가 되고 그분이 우리 안에 거하시는지는 아무도 알 수 없다. 그러나 언젠가는 모든 것이 밝히 드러날 것이다. 마음의 비밀이 모두 공개될 것이다.

모두가 교회에 꾸준히 출석하고, 기도서를 소중히 여기고, 교회가 제공하는 모든 은혜의 수단을 열심히 활용할 것이다. 그런 행위는 나름대로 다 옳고 선하다. 그러나 그런 행위를 하는 동안 자신의 구원을 망치지 않도록 주의해야 한다. 자신의 영혼이 반석 위에 서 있는지를 확인해야 한다. 반석 위에 서 있지 않으면, 그런 행위들은 아무런 의미가 없다. 반석 위에 서 있지 않으면, 심판의 날을 견디지 못할 것이다. 그날, 모래 위에 지은 궁전보다 반석 위에 지은 초가집이 수천 배나 더 낫다는 사실이 여실히 드러날 것이다.

"음부(지옥)의 권세"라는 위협 요인

마태복음 16장 18절에는 교회의 시련이 암시되어 있다. 이 말씀은 "음부(지옥)의 권세"라는 표현을 사용한다. 이 표현은 마귀의 능력을 가리킨다.

참된 교회의 역사는 싸움과 갈등의 역사였다. 교회는 세상의 군주요 무서운 원수인 사탄의 공격에 늘 시달려 왔다. 마귀는 그리스도의 참된 교회를 맹렬히 증오한다. 그는 항상 교회의 지체들을 핍박하라고 선동한다. 그는 자신의 뜻을 이루고 하나님의 백성을 괴롭히고 해치려고 세상의 자녀들을 부추긴다. 그는 머리를 상하게 할 수 없다면 발꿈치라도 물어뜯겠다는 심정으로 달려든다. 또 신자들에게서 천국을 빼앗을 수 없다면 그 길을 가는 동안만이라도 온 힘을 다해 그들을 괴롭히리라 애쓴다.

이런 대립이 6,000년 동안 지속되어 왔다. 경건하지 못한 수많은 사람들이 알지 못하는 사이에 마귀의 도구가 되어 그의 일을 행했다. 바로, 헤롯, 네로, 율리우스(Julius), 디오클레티아누스(Diocletianus), 피의 메리(Bloody Mary)와 같은 사람들이 사탄의 도구가 되어 예수 그리스도의 제자들을 박해했다.

그리스도의 참된 몸은 늘 음부(지옥)의 권세에 맞서 싸워 왔다. 그런 와중에도 언제나 은혜 가운데 불에 타지 않는 떨기나무(출 3:2 참고)와 용에 삼켜지지 않고 광야로 도망친 여인(계 12:1-6 참고)이 있었다. 유형 교회는 번영과 평화를 누릴 때가 있었지만, 참된 교회는 한시도 평화로운 때가 없었다. 참된 교회의 싸움은 결코 끝나지 않고 늘 계속된다.

참된 교회에 속한 지체들도 각자 음부의 권세와 싸운다. 모두가 싸워야 한다. 성도의 삶이란 곧 투쟁의 기록이 아니겠는가? 바울, 야고보, 베드로, 요한, 폴리캅(Polycarp), 이그나티우스(Ignatius), 아우구스티누스(Augustinus), 루터(Luther), 칼빈(Calvin), 래티머(Latimer), 백스터(Baxter)와 같은 인물들도 늘 군인처럼 싸우지 않았는가? 그들은 때로 공격을 당하기도 하고, 재산을 빼앗기기도 했다. 그들은 온갖 괴롭힘과 중상과 비방에 시달렸고, 때로는 공공연히 박해를 당하기도 했다. 마귀는 쉬지 않고 교회를 상대로 싸움을 벌여 왔다. '음부(지옥)의 권세'는 늘 그리스도의 백성을 공격한다.

형제들이여, 복음을 전하는 우리는 그리스도께로 나아오는 사람들에게 지극히 크고도 보배로운 약속을 제시한다. 우리는 주님의 이름으로 담대하게 모든 지각에 뛰어난 하나님의 평강을 선포한다. 그리스도께 나아와 그분을 믿는 사람들에게는 긍휼과 값없는 은혜와 온전한 구원이 주어진다. 그러나 우리는 세상이나 마귀와 화평하리라 약속할 수는 없다. 오히려 육신을 입고 있는 한 항상 싸워야 한다고 경고하는 바이다.

우리는 사람들이 그리스도를 섬기지 못하도록 그들을 막거나 방해해서는 안 된다. 지옥은 우리 뒤에 있고, 천국은 우리 앞에 있다. 험한 바다 저편에 본향이 있다. 그동안 수많은 사람들이 거센 물살을 헤치고 그곳으로 건너갔다. 그들은 온갖 역경을 물리치고 천국에 들어가 그곳에서 살고 있다. 음부의 권세가 그들을 대적했지만, 승리하지는 못했다. 사랑하는 형제들이여, 전진하라. 원수를 두려워하지 말라. 오직 그리스도 안에 거하라. 승리는 확실하다.

음부의 권세가 대적하더라도 놀라지 말라. 예수님은 "너희가 세상에 속하였으면 세상이 자기의 것을 사랑할 것이나"(요 15:19)라고 말씀하셨다. 세상이 세상이고 마귀가 마귀인 한, 이 싸움은 계속될 수밖에 없다. 그리스도를 믿는 신자는 군사가 되어야 한다. 세상은 그리스도를 미워했다. 마찬가지로 세상이 존재하는 한, 세상은 늘 참신자를 미워할 것이다. 위대한 종교개혁자 루터는 "교회가 세상에 존재하는 한, 가인이 아벨을 죽이는 일이 늘 일어날 것이다"라고 말했다.

음부의 권세가 대적할 것에 대비하라. 하나님의 전신 갑주를 입으라(엡 6:11 참고). 다윗의 망대에는 하나님의 백성이 사용할 수 있는 방패가 무수히 준비되어 있다. 우리같이 낮고 천한 죄인들이 그 무기를 사용해 왔다. 무기가 준비되어 있지 않았던 적은 한 번도 없었다.

음부의 권세가 대적하더라도 끝까지 인내하라. 모든 것이 합력해 선을 이룰 것이다. 이 싸움은 우리의 성화를 독려하고, 우리가 깨어 있을 수 있도록 도와준다. 이 싸움은 우리를 겸손하게 만들고, 주 예수 그리스도께 더 가까이 나아가게 만든다. 이 싸움은 세상을 멀리하게 도와주고, 더욱 열정을 쏟아 기도하게 만든다. 무엇보다도 이 싸움은 천국을 사모하게 만들고, "주 예수여, 오시옵소서"(계 22:20)라고 진심으로 부르짖게 도와준다.

음부의 권세 앞에서 좌절하지 말라. 내면의 평화와 음부의 권세와의 싸움은 그가 하나님의 참자녀라는 사실을 증명하는 은혜의 증표이다. 십자가가 없으면, 면류관도 없다. 싸움이 없다면, 기독교는 더 이상 구원의 능력을 발휘할 수 없다. 주 예수 그리스도께서는 "나로 말미암아 너희를 욕하고 박해하고 거짓으로 너희를 거슬러 모든 악한 말을 할 때에는 너희에게 복이 있나니"(마 5:11)라고 말씀하셨다.

"이기지 못하리라"라는 안전에 대한 보장

우리가 생각해야 할 요점이 하나 더 남아 있다. 마태복음 16장 18절은 그리스도의 참된 교회의 안전이 보장되었다고 말한다. 전능하신 건축가께서 영광스런 약속을 허락하셨다. 그분은 "음부의 권세가 이기지 못하리라"라고 말씀하신다. 거짓말을 하실 수 없는 왕께서 음부의 권세가 교회를 이기지 못할 것이라고 확언하셨다. 교회는 아무리 공격을 당해도 끝까지 굳건하게 버틸 것이다. 교회는 결코 정복되지 않을 것이다. 다른 피조물은 모두 소멸되고 사라지겠지만, 그리스도의 교회는 그렇지 않다. 만물은 외부의 공격이나 내면의 부패로 인해 무너지지만, 그리스도께서 지으신 성전은 결코 무너지지 않는다.

지금까지 많은 제국들이 세워지고 번성하다가 쇠하여 사라지곤 했다. 애굽, 앗수르, 바벨론, 바사, 두로, 카르타고, 로마, 헬라, 베니스와 같은 나라들은 지금 어디로 사라졌는가? 인간의 손으로 세운 나라들은 모두 자취를 감추었지만, 그리스도의 교회는 여전히 건재하다.

가장 강대한 도시들도 폐허로 변했다. 바벨론의 높은 성벽도 평지가 되었고, 니느웨의 궁궐도 흙더미로 변했으며, 100

개나 되었다는 테베(Thebes)의 성문도 지나간 역사의 기록으로만 남아 있을 뿐이다. 두로는 어부들이 그물질을 하는 곳으로 바뀌었고, 카르타고는 폐허로 변했다. 그러나 참교회는 아직도 존재한다. 음부의 권세는 교회를 이길 수 없다.

  물론 초창기에 세워진 유형 교회들은 대부분 사라져 버렸다. 에베소교회와 안디옥교회가 어디 있는가? 알렉산드리아교회와 콘스탄티노플교회가 어디 있는가? 고린도교회와 빌립보교회와 데살로니가교회가 어디 있는가? 그 모든 교회가 지금 어디로 사라졌는가? 그 교회들은 하나님의 말씀을 버렸다. 그들은 주교와 교회 회의와 의식과 학문과 전통을 자랑할 뿐, 그리스도의 참된 십자가 안에서 영광을 누리지 못했다. 그들은 복음을 굳게 붙잡지 않았다. 그들은 예수님의 정당한 직임을 인정하지 않았고, 믿음을 올바른 자리에 올려놓지 않았다. 그 결과 세상의 다른 것들처럼 되고 말았다. 즉, 그들에게서 촛대가 옮겨졌다.

  그러나 참된 교회는 여전히 살아남았다. 참된 교회는 한 곳에서 박해를 당하면 다른 곳으로 도망친다. 참된 교회는 한 곳에서 짓밟히거나 압제를 당하면 다른 곳에서 뿌리를 내려 번성한다. 불과 칼, 감옥과 벌금과 형벌 등 그 무엇으로도 그 생명력을 없애지 못했다. 박해자들은 모두 죽어 가야 할 곳으로 갔지만, 하나님의 말씀은 살아서 더욱 왕성해졌다. 참된 교회는 인간의 눈에는 지극히 약해 보여도 모루(대장간에서 달군 쇠를 올려놓고 두드릴 때 받침으로 쓰는 쇳덩이)처럼 강해 지금까지 박해의 망치를 수없이 부러뜨렸다. 그리고 앞으로도 종말이 올 때까지 박해의 망치를 더 많이 부러뜨릴 것이다. 교회를 박해하는 것은 하나님의 눈동자를 해치려는 것이나 다름없다.

마태복음 16장 18절의 약속은 참된 교회 전체에 적용된다. 세상에는 그리스도의 증인이 언제나 존재한다. 가장 어려운 시기에도 그분의 백성은 사라지지 않는다. 심지어 아합이 통치할 때도 이스라엘 가운데에 신실한 백성이 칠천 명이나 남아 있었다(왕상 19:18 참고). 오늘날 로마 가톨릭교회와 동방 교회의 암울한 현실 속에서도, 비록 미약하지만 그리스도를 섬기는 이들이 어느 정도는 틀림없이 남아 있을 것이다. 어떤 나라는 교회의 힘이 매우 약하다. 그렇다 해도 음부의 권세는 교회를 온전히 이길 수 없다.

마태복음 16장 18절의 약속은 신자 각자에게도 똑같이 적용된다. 영적으로 너무 침체되어 구원을 확신하지 못할 정도에 이른 신자들도 있고, 다윗이나 베드로처럼 큰 죄를 지어 넘어진 신자들도 있다. 또 크랜머(Cranmer)와 쥬얼(Jewell)처럼 한동안 믿음을 저버리는 신자들도 있다. 많은 신자들이 의심과 두려움에 사로잡힌다. 그러나 결국 가장 어린 아이에서부터 가장 나이 든 자에 이르기까지, 가장 약한 자부터 가장 강한 자에 이르기까지 모두가 안전하게 본향에 도착할 것이다.

내일의 태양이 떠오르는 것을 막을 수 있겠는가? 브리스톨(Bristol) 해협의 밀물과 썰물을 막을 수 있겠는가? 행성들이 정해진 궤도를 도는 것을 막을 수 있겠는가? 만일 그럴 수 있다면, 신자의 구원을 방해할 수도 있을지 모르겠다. 반석 위에 세워진 참된 교회에 속한 신자라면, 아무리 미약하고 가치 없어 보인다 할지라도 틀림없이 온전한 구원을 얻을 것이다.

참된 교회는 그리스도의 몸이다. 그 신비한 몸을 이루는 관절과 마디를 단 하나도 부러뜨릴 수 없다. 참된 교회는 그리스도의 신부이다. 하나님께서 영원한 언약으로 하나가 되게 하신 관계를 절대 갈라놓을 수 없다. 참된 교회는 그리스도의 양 떼이다. 사자가 다윗의 양 떼에서 양을 탈취할 때도 다윗은 달려가 사자의 입에서 양을 구해 냈다. 그리스도의 양 떼에 속한 양들은 설령 병든 것일지라도 단 한 마리도 멸망하지 않을 것이다. 그리스도께서는 마지막 날에 성부께 이렇게 말씀하실 것이다.

"아버지께서 내게 주신 자 중에서 하나도 잃지 아니하였사옵나이다"(요 18:9).

참된 교회는 세상의 알곡이다. 체로 치고 흔들어 이리저리 걸러 내도 알곡은 단 하나도 잃어버린 바 되지 않고 모두 곡간에 저장될 것이다. 오직 껍데기와 쭉정이만 불에 탈 것이다. 교회는 그리스도의 군대이다. 우리를 구원하신 대장께서는 자기 군사를 단 한 사람도 잃지 않으신다. 그분의 계획은 결코 실패하지 않는다. 그분은 알맞은 때에 필요한 것을 공급하신다. 그분의 군사 명단은 처음이나 나중이나 똑같다. 몇 년 전에 벌어진 크림 전쟁(Crimean War)에 용감하게 참전했던 영국의 군인 가운데 고향으로 돌아오지 못한 사람이 얼마나 많았는가! 악대의 연주 소리와 휘날리는 깃발을 배경으로 기쁜 얼굴로 힘차게 전쟁터로 나갔던 부대원들이 고국으로 돌아오지 못하고 낯선 땅에 묻혔다. 그러나 그리스도의 군대는 그렇지 않다. 그분의 군사들은 마지막까지 단 한 사람도 없어지지 않을 것이다. 그리스도께서 친히 "영원히 멸망하지 아니할 것이요"(요 10:28)라고 선언하셨기 때문이다.

마귀는 참된 교회의 지체 가운데 얼마를 감옥에 가둘 수도 있고, 죽이거나 불태우거나 고문하거나 목을 매달 수도 있다. 그러나 육신은 죽일 수 있을지라도 그 이상은 할 수 없다. 마귀는 영혼을 해칠 수 없다. 몇 년 전에 프랑스 군대가 로마에 진격했을 때, 종교재판소 아래에 있는 감옥의 벽에서 익명의 죄수가 남긴 글이 발견되었다. 그가 누구인지는 알 수 없지만, 그가 남긴 글은 기억할 가치가 있다. 그는 비록 죽었지만 지금도 살아서 말한다. 그는 아마도 불의한 재판을 통해 부당하게 파문당했을 것이다. 그는 "복되신 예수님, 그들이 저를 주님의 참된 교회에서 내쫓을 수는 없나이다"라고 적었다. 이것은 사실이다. 사탄의 권세는 그리스도의 참된 교회에서 신자를 단 한 사람도 내쫓을 수 없다.

세상의 자녀들이 교회를 아무리 사납게 대적할지라도 회심 사역을 방해할 수는 없다. 한때 율리우스 황제가 "지금 그 목수의 아들은 무엇을 하고 있느냐?"라고 비웃었다고 한다. 그러자 어떤 나이 든 신자가 "그분은 율리우스를 위해 관을 만들고 계십니다"라고 대답했다고 한다. 그로부터 몇 달 후, 율리우스는 전투 중에 사망했고, 그의 모든 영광과 권력도 함께 사라지고 말았다. 스미스필드(Smithfield, 16세기에 이단자를 화형시키던 곳)에 불이 타오르고 래티머와 리들리(Ridley)가 장대에

묶여 화형을 당할 때, 그리스도는 어디에 계셨는가? 그때 그분은 무엇을 하고 계셨는가? 그분은 교회를 세우고 계셨다. 그 일은 혹독한 시련의 때에도 여전히 계속될 것이다.

  사랑하는 형제들이여, 그리스도를 섬기는 것을 두려워하지 말라. 우리의 영혼을 의탁한 그리스도께서 하늘과 땅의 모든 권세를 쥐고 계신다. 그분이 우리를 지켜 주신다. 그분은 우리를 절대 포기하시지 않는다. 친척들이 박해하고, 이웃들이 조롱하고, 세상이 비웃으며 비방할지라도 두려워하지 말라. 조금도 위축되지 말라. 음부의 권세는 우리의 영혼을 해칠 수 없다. 우리를 도우시는 주님이 우리를 대적하는 자들보다 훨씬 더 강하시다.

  형제들이여, 사역자들이 죽고 성도들이 세상을 떠나더라도 그리스도의 교회가 멸망할 것이라고 두려워하지 말라. 그리스도께서는 늘 뜻하신 일을 이루시고, 더 밝고 영광스런 별들을 일으키실 것이다. 그 별들은 모두 그분의 오른손 안에 있다. 미래에 대한 모든 염려를 떨쳐 버리라. 정치가들의 책략이나 양의 가죽을 뒤집어 쓴 이리들의 간계 때문에 위축되지 말라. 그리스도께서는 자신의 교회에 필요한 것을 늘 공급하신다. 그분은 지옥의 권세가 교회를 이기지 못하도록 교회를 보살피신다. 비록 눈에 보이지는 않을지라도 모든 것이 잘되어 가고 있다. 이 세상의 왕국들은 우리 하나님과 그리스도의 왕국 앞에 무릎을 꿇게 될 것이다.

적용

이제 실천을 위해 적용하는 시간을 잠시 갖도록 하자. 내 설교를 처음 듣는 사람들도 많을 것이다. 어쩌면 많은 사람들에게 이것이 나에게서 듣는 마지막 설교가 될 수도 있다. 그러하기에 여러분이 반드시 설교를 마음에 깊이 새기기를 바란다.

그리스도의 참교회에 속해 있는가

질문으로 첫 번째 적용을 시작하겠다. 그 질문이 무엇이겠는가? 내가 어떻게 접근하겠는가? 내가 무엇을 묻고 싶어하겠는가? 나는 "우리가 그리스도의 유일하고도 참된 교회에 속해 있는가?"라고 묻고 싶다. 하나님께서 보시기에 우리가 진정한 그리스도인이겠는가? 내 말이 무슨 뜻인지 이해할 것이다. 나는 지금 영국 국교회만을 염두에 두고 있지 않다. 나는 반석 위에 세워진 교회에 관해 말하고 있다. 엄숙히 묻겠다. 그리스도의 교회에 속해 있는가? 위대한 토대와 하나로 연합되어 있는가? 성령을 받았는가? 성령께서 우리의 영과 더불어 우리가 그리스도와 하나이고 그리스도께서 우리와 연합하셨다고 증언하시는가? 하나님의 이름으로 권하노니, 이 질문을 마음에 깊이 새겨 신중히 생각해 보라.

사랑하는 형제들이여, 나의 질문에 만족스런 대답을 줄 수 없다면 정신을 바짝 차리라. 믿음에 관하여 파선하지 않도록 조심하고, 또 조심하라(딤전 1:19 참고). 음부의 권세에 굴복해 마귀의 소유가 되어 영원히 버림받지 않도록 주의하라. 성경의 세계와 복음의 환한 빛에서 벗어나 어두운 구덩이에 떨어지지 않도록 조심하라.

그리스도께 나아와 연합하라

두 번째 적용은, '초청'이다. 아직 참신자가 되지 못한 사람들에게 말한다. 지체하지 말고 오직 하나뿐인 참된 교회와 연합하라. 잊어버린 바 되지 않는 영원한 언약으로 주 예수 그리스도와 하나가 되라. 그리스도께 나아와 구원을 얻으라. 언젠가 심판의 날이 임할 것이다. 그날이 오늘 밤이 되지 않으리라고 누가 장담할 수 있겠는가? 오늘이라고 부르는 이날이 마지막 날이 될지 누가 알겠는가? 내일 해가 뜨기 전, 오늘 밤이 심판의 날이 될지 누가 알겠는가?

내가 믿고 섬기는 주님 앞에 나아오라. 나의 주님이신 예수 그리스도께로 나아오라. 모든 것이 준비되었으니 어서 나아오라. 그리하면 긍휼을 받을 것이다. 천국이 기다리고, 천사들이 반가이 맞을 준비를 하고 있다. 그리스도께서 기쁘게 영접하여 하나님의 자녀들 가운데로 인도하실 것이다.

방주로 들어오라. 하나님의 진노의 홍수가 곧 세상에 쏟아질 것이다. 방주로 들어오라. 그리하면 안전할 것이다. 생명의 배에 올라타라. 옛 세상은 곧 산산이 부서질 것이다. 세상이 떨고 있는 소리가 들리지 않는가? 세상은 곧 모래톱에 처박혀 난파할 것이다. 밤이 깊었다. 물결이 일기 시작한다. 바람이 불어오고 있다. 폭풍우가 곧 옛 세상을 산산조각 낼 것이다. 그러나 그때에도 생명의 배는 물 위를 유유히 떠다닐 것이다. 복음 사역자인 내가 권하노니, 생명의 배에 올라타 구원을 얻으라.

"내 죄가 이렇게 큰데 어떻게 나아갈 수 있습니까? 어떻게 나아가야 합니까?"라고 묻고 싶은가? 그렇다면 이 아름다운 찬송시를 들어 보라.

"주님이 날 위해 보혈을 흘려 주시고,

또 나를 오라 하시니,

오, 하나님의 어린양이시여,

아무 변명도 하지 않고 그저 이 모습 이대로

제가 나아가나이다."

이것이 그리스도께로 나아오는 방법이다. 더는 기다리거나 지체하지 말고 나아오라. 굶주린 죄인의 모습 그대로 나아와 충만함을 얻으라. 가난한 죄인의 모습 그대로 나아와 부요하게 되라. 아무 자격이 없는 사악한 죄인의 모습 그대로 나아와 의의 옷을 덧입으라. 그리하면 그리스도께서 영접하실 것이다. 그분은 자기에게로 나아오는 자를 결코 내쫓지 않으신다. 나아오라! 예수 그리스도께로 속히 나아오라!

그리스도의 참된 교회답게 살라

마지막으로, 믿는 사람들에게 권고의 말을 전한다. 형제들이여, 거룩한 삶을 살라. 우리가 속한 교회에 합당하게 처신하라. 천국의 시민답게 살라. 우리의 빛을 사람들 앞에 비춰 우리의 행위로써 그들을 유익하게 하라. 세상 사람들이 우리가 누구에게 속했고, 누구를 섬기고 있는지를 알게 하라. 그리스도의 편지가 되어 모든 사람들이 그것을 읽게 하라. 선명한 글자로 쓴 편지처럼, 우리가 그리스도의 지체라는 사실을 모르는 사람이 아무도 없게 하라.

형제들이여, 용기 있게 살라. 사람들 앞에서 그리스도를 담대히 고백하라. 어떤 자리에 있든 그곳에서 그리스도를 고백하라. 왜 그리스도를 부끄러워하는가? 그리스도께서는 십자가에서도 우리를 부끄러워하시지 않았다. 그리고 하늘에서도 하나님 앞에서 우리를 부끄러워하시지 않는다. 그런데 우리가 왜 그분을 부끄러워한단 말인가? 훌륭한 군인이 제복을 부끄러워하지 않듯이, 참신자는 결코 그리스도를 부끄러워하지 않는다.

형제들이여, 기뻐하는 삶을 살라. 예수 그리스도의 재림이라는 복된 소망을 품고 있는 사람처럼 살라. 우리는 모두 그 미래를 기대해야 한다. 천국에 간다고 생각하지 말고, 천국이 우리의 마음에 충만히 임한다고 생각하라. 하나님의 모든 백성과 그리스도의 교회와 모든 신자를 위해 좋은 날이 곧 밝아올 것이다. 회개하지 않고 믿지 않는 사람들, 자신의 정욕을 만족시키는 사람들, 주님께 등을 돌리는 사람들에게는 재앙이 닥칠 것이지만, 참신자들에게는 복이 임할 것이다. 그 복된 날을 위해 깨어 기다리며 기도하라.

곧 비계가 제거될 것이다. 곧 건축물을 완성하는 마지막 돌이 놓이고, 잠시 후면 건축물이 아름다운 모습을 온전히 드러낼 것이다.

위대한 건축가이신 주님께서 곧 강림하실 것이다. 건축물이 곧 완벽하게 조화를 이룰 것이다. 구세주와 구원받은 사람들이 함께 즐거워할 것이다. 온 우주가 그리스도의 교회가 완공되었음을 알게 될 것이다.

2. 'Not Corrupting The Word'

For we are not as many, which corrupt the word of God

: but as of sincerity, but as of God,

in the sight of God speak we in Christ.

(2 Corinthians 2:17)

Chapter 2
하나님의 말씀을 혼잡하게 하지 말라

"우리는 수많은 사람들처럼 하나님의 말씀을 혼잡하게 하지
아니하고 곧 순전함으로 하나님께 받은 것같이
하나님 앞에서와 그리스도 안에서 말하노라"
(고후 2:17).

불멸의 영혼을 지닌 사람들 앞에서 하나님의 일을 증언한다는 것은 절대 사소한 문제가 아니다. 지금 내 앞에 있는 사역자들에게 말씀을 전하는 일은 가장 중대하고도 엄숙한 책임이 아닐 수 없다. 잘못 전한 말 한마디가 누군가의 마음속에 심어져 훗날 강단에서 큰 해악을 초래할지도 모른다고 생각하니 머리가 쭈뼛해질 지경이다.

그러나 때로는 자신의 연약함을 큰 소리로 고백하기보다 자신을 잠시 잊고 참된 겸손을 나타내야 할 때도 있다. 이 순간 나는 나를 완전히 잊고, 오직 말씀만을 생각하려고 한다. 나의 부족함을 인정하는 말을 하지 않더라도 내가 그 사실을 모르지 않는다는 점을 기억해 주기를 바란다.

"혼잡하게 하다"로 번역된 헬라어의 어원에 대해서는 사전 편찬자들의 견해가 엇갈린다. 이 말은 '부정직한 거래를 일삼는 장사꾼이나 팔려고 내놓은 포도주에 물을 타는 포도주 상인'에 관한 말이 아니다. 위클리프(Wycliffe)는 이 말을 '하나님의 말씀을 순결하지 못하게 만든다'는 의미로 번역했고, 틴데일(Tyndale)은 '하나님의 말씀을 난도질해 바꿔 버린다'는 의미로 번역했다. 또한 랭스(Rheimish) 성경은 "수많은 사람들처럼 하나님의 말씀에 섞음질을 하지 않고"라고 번역했다. 그리고 어떤 성경에는 "수많은 사람들처럼 하나님의 말씀을 부정직하게 다루지 않고(We are not as many, who deal deceitfully with the Word of God)"라고 되어 있다.

성령의 영감을 받은 바울은 이 말씀에서 부정적인 표현과 긍정적인 표현을 모두 사용해 진리를 전한다. 문장 구조 자체가 거기에 담겨 있는 진리를 명료하고도 강렬하며 힘 있게 전한다. 성경에는 이와 비슷한 문장 구조를 지닌 구절이 세 군데 더 있다. 둘은 세례에 관한 말씀이고, 나머지 하나는 새로운 탄생에 관한 말씀이다(요 1:13; 벧전 1:23, 3:21 참고). 이처럼 고린도후서 2장 17절은 부정적 표현과 긍정적 표현을 모두 사용해 그리스도의 사역자들이 알아야 할 가르침을 전한다. 즉, 우리가 피해야 할 일이 있고, 추구해야 할 일이 있다.

피해야 할 일

먼저, 부정적인 표현으로 강조하는 바 우리가 피해야 할 것에 대한 가르침을 살펴보자. 우리는 하나님의 말씀을 혼잡하게 하거나 부정하게 다루어서는 안 된다. 바울은 당시에도 '수많은' 사람들이 하나님의 진리를 충실하고도 정직하게 다루지 않았다고 증언한다. 초대 교회가 지극히 순결했다고 주장하는 사람들이 귀담아들어야 할 말이다. '불법의 비밀'(살후 2:7)은 초대 교회 때부터 이미 역사하기 시작했다. 말씀을 전하는 임무를 받은 우리는 하나님의 말씀을 부정직하게 전해서는 안 된다. 다시 말해, 말씀에 무엇을 더하거나 빼서는 안 된다.

그렇다면 오늘날 과연 어떤 것이 하나님의 말씀을 혼잡하게 하는 행위일까? 하나님의 진리를 부정직하게 다루는 '수많은 사람들'의 범주에 들어가지 않으려면, 어떤 암초와 모래톱을 피해야 할까? 이 문제에 관해 도움이 될 만한 생각을 몇 가지 제시하겠다.

첫째, 성경의 '완전 영감설'을 의심할 때 하나님의 말씀을 혼잡하게 하는 큰 위험을 초래할 수 있다. 그런 의심은 단지 잔을 더럽히는 데 그치지 않고, 잔에 담긴 것까지 모두 더럽히는 결과를 초래한다. 다시 말해, 이는 우리가 청중에게 나누어 주는 생명수가 담긴 항아리를 더럽히는 차원이 아니라 우물 전체에 독을 푸는 것과 같다. 일단 이 부분이 잘못되면, 기독교의 진리 전체가 위험에 처한다. 근원이 오염되고, 신학의 뿌리에 벌레가 생긴다. 이 벌레가 뿌리를 갉아먹도록 놔두면, 가지와 잎사귀와 열매가 차츰 썩고 만다. 한마디로, 성경 영감설의 교리 자체가 위험에 처한다.

지금으로서는 해결하기 어려운 문제가 더러 있다 하더라도, 성경의 각 장과 각 구절과 낱말 하나하나가 모두 하나님의 영감으로 기록되었다고 믿는 것이 가장 안전하고도 견고한 토대를 유지하는 지름길이 아닌가 싶다. 과학의 경우와 마찬가지로, 신학의 경우에도 해결할 수 없는 어려움이 있다고 해서 위대한 원리를 포기해서는 안 된다.

이처럼 중요한 요점을 구체적으로 제시하는 사례를 한 가지 살펴보자. 천문학을 알고 있는 사람들이라면 잘 알겠지만, 해왕성이 발견되기 전에는 위대한 천문학자들조차도 천왕성의 불규칙한 운동 현상 때문에 발생한 문제로 매우 고민할 수밖에 없었다. 천문학자들은 천왕성의 불규칙한 운동 현상에 매우 당황했다. 심지어 일부 천문학자들은 그것이 뉴턴(Newton)의 이론 체계가 사실이 아니라는 증거일지도 모른다고까지 생각했다. 그러나 당시 저명한 프랑스의 천문학자였던 르베리에(Le Verrier)는 과학 학술원에서 '과학자라면 설명할 수 없는 어려움이 있다는 이유로 원리를 포기해서는 안 된다'는 견해를 피력했다.

그는 이렇게 말했다. "지금으로서는 천왕성의 불규칙한 운동 현상을 설명할 수 없습니다. 그러나 조만간 뉴턴의 이론이 옳다는 것이 분명히 증명될 것입니다. 언젠가는 이 불규칙한 운동 현상을 설명할 만한 근거가 발견되어 뉴턴의 이론이 확고한 사실이라는 것을 명백히 드러낼 것입니다."

그로부터 몇 년 뒤, 초조해하는 천문학자들의 눈앞에 해왕성이 실체를 드러냈다. 천왕성이 불규칙한 운동 현상을 보인

이유는 모두 해왕성 때문이었다. 르베리에가 과학의 원리로 제안한 것이 현명한 사실로 입증되었다.

이는 신학에도 똑같이 적용된다. 신학의 제1원리를 포기하지 않도록 주의하라. 어려움이 있다고 해서 '완전 영감설'이라는 위대한 진리를 저버려서는 안 된다. 모든 어려움이 해결될 날이 올 것이다. 앞으로는 우리가 믿는 영감설 외에 다른 영감설을 주장하는 사람들이 우리보다 열 배나 더 큰 어려움에 직면할 것이라고 확신해도 좋다.

둘째, 교리를 불완전하게 진술할 때 하나님의 말씀을 혼잡하게 할 수 있다. 교회나 교부들의 견해가 성경과 동등한 권위를 지닌다고 생각하고서 성경에 그런 견해를 덧붙이려고 해서는 안 된다. 또한 인간을 즐겁게 할 목적으로 잘못된 관용을 남발해 언뜻 편협하고 완고하고 가혹하게 느껴지는 성경 말씀을 임의로 빼 버리려고 해서도 안 된다. 이것은 하나님의 말씀을 혼잡하게 하는 잘못이다. 영원한 형벌이나 지옥에 관한 성경의 가르침을 완화하려고 시도하거나 교리들을 균형 있게 제시하지 못할 때도, 그런 잘못을 피하기 어렵다.

각자 좋아하는 교리가 있기 마련이다. 인간의 사고(思考)는 그런 속성을 지니고 있다. 그래서 똑같이 중요한 다른 진리를 무시한 채 오직 한 가지 진리에만 집착하기 쉽다. '믿음의 분수대로'(롬 12:6) 사역하라는 바울의 권고를 잊어서는 안 된다. 율법폐기주의자라고 비난받을까 봐 두려워 '율법의 행위 없이 믿음으로 의롭다하심을 받는다'는 교리를 힘써 옹호하고 인정하고 지키는 것을 주저할 때도 그런 잘못을 저지르게 된다. 또 율법주의자라고 비난받을까 봐 두려워 거룩함을 강조하는 말씀들을 외면하거나 교리를 설명할 때 성경의 용어를 사용하기를 꺼려할 때도 그런 잘못을 저지르게 된다. 우리는 '중생,' '선택,' '양자,' '회심,' '확신'과 같은 용어를 쓰지 않으려고, 마치 성경에서 명백히 사용하는 용어를 말하기가 부끄럽기라도 한 것처럼 에두른 표현을 사용하는 경향이 있다. 이런 경우를 자세히 설명하기에는 시간이 부족하다. 따라서 이 정도로 해 두고, 각자 스스로 생각해 보기를 바란다.

셋째, 성경의 진리를 잘못 적용할 때 하나님의 말씀을 혼잡하게 할 수 있다. 회중의 영적 상태를 고려하지 않을 때, 곧 세례를 받았거나 교회에 등록했다고 해서 모두 다 구원의 은혜를 받은 것으로 간주하고, 성령을 받은 사람과 받지 못한 사람을 구별하지 않을 때 그런 잘못을 저지르게 된다.

사실 회개하지 않은 사람들에게 단도직입적으로 말하기를

꺼려하는 경향이 우리에게 있지 않은가? 예배당에 800명 내지 2,000명의 회중이 앉아 있지만, 회개하지 않은 사람이 대부분이다. 그런데도 "하나님의 구원의 은혜를 받지 못한 사람이 이 자리에 있다면"이라고 말해야 할 때, "영원한 평화에 관한 일을 알지 못하는 사람이 이 자리에 있다면"이라는 식으로 둘러말하는 경향이 있지 않은가? 성경의 가르침을 다양한 부류의 사람들에게 정확하게 전달하지 않는다면, 믿음의 실천을 권고할 때 하나님의 말씀을 잘못 다루는 위험을 초래할 수밖에 없지 않겠는가? 가난한 사람들에게도 솔직하게 말하고, 부유한 사람들에게도 솔직하게 말해야 하지 않겠는가? 상류층 사람들에 대해서도 정직하게 접근해야 하지 않겠는가? 이것은 우리의 양심을 살펴서 행해야 할 문제가 아닐 수 없다.

추구해야 할 일

이번에는 고린도후서 2장 17절이 제시하는 긍정적인 교훈을 살펴보기로 하자. 바울은 "순전함으로 하나님께 받은 것같이 하나님 앞에서와 그리스도 안에서 말하노라"라고 말했다. 각각의 표현에 담겨 있는 의미를 설명하는 데는 몇 마디면 충분하다.

첫째, 우리는 '순전함으로' 말씀을 전하려고 노력해야 한다. 동기와 목적과 의도가 순전해야 한다. 우리가 전하는 진리를 철저히 확신하면서 말해야 한다. 우리의 설교를 듣는 사람들을 깊이 사랑하는 마음으로 말해야 한다.

둘째, 우리는 '하나님께 받은 것같이' 말해야 한다. 하나님의 대변자로서 그분을 대신해 말한다고 생각해야 한다. 혹시 로마 교황주의의 전철을 밟게 될까 두려워 "내 직분을 영광스럽게 여기노니"(롬 11:13)라는 바울 사도의 말을 잊을 때가 너무나 많다. 우리는 새 언약의 사역자가 짊어진 책임이 얼마나 막중하고, 또 그리스도의 사자(使者)가 전하는 말씀을 거부하고 마음을 강퍅하게 하는 사람들의 죄가 얼마나 무서운가를 종종 잊어버리곤 한다.

셋째, 우리는 '하나님 앞에' 있는 것처럼 말해야 한다. "사람들이 나를 어떻게 생각할까?"가 아니라 "하나님께서 나를 어떻게 생각하실까?"라고 물어야 한다. 래티머는 헨리 8세 앞에서 말씀을 전하라는 요청을 받고, 다음과 같은 태도로 설교를 시작했다고 한다(내가 기억하는 대로 옮긴 것이기 때문에 표현이 정확하지는 않을 것이다). '래티머야, 래티머야. 막강한 권력을 지닌 헨리 8세 앞에서 말씀을 전하고 있다는 것을 기억하지 못하느냐? 명령 한마디로 너를 감옥에 가둘 수도 있고, 원한다면 단번에 네 목을 자를 수도 있는 권력자 앞에서 말씀을 전하고 있다는 것을 알지 못하느냐? 그러니 왕의 귀에 거슬리는 말을 한 마디도 하지 않도록 주의해야 하지 않겠는가?'

그러나 그는 곧 이렇게 생각했다. '래티머야, 래티머야. 만왕의 왕이시며 만주의 주이신 하나님 앞에서, 헨리 8세가 서게 될 법정의 재판관 앞에서, 언젠가 네 자신의 일을 고백해야 할 하나님 앞에서 말씀을 전하고 있다는 것을 기억하지 못하느냐? 래티머야, 래티머야. 주님께 충성하라. 하나님의 말씀을 있는 그대로 전하라."

사람들이 기뻐하든 기뻐하지 않든, 우리의 설교를 칭찬하든 비난하든, 우리 모두가 강단에서 내려올 때는 "나는 하나님 앞에서 말씀을 전했다"라는 양심의 소리를 듣게 되기를 간절히 바란다.

마지막으로, 우리는 '그리스도 안에서' 말해야 한다. 이 표현은 그 의미가 조금 불확실하다. 그로티우스(Grotius)는 "우리는 주님의 이름으로, 즉 그분의 사자로서 말해야 한다"라고 말했다. 그러나 그로티우스의 견해는 그 근거가 빈약하다. 베자

(Beza)는 "우리는 그리스도에 관해, 그분에 대해 말해야 한다"라고 말했다. 이 견해는 내용은 좋지만, 고린도후서 2장 17절의 의미와는 거리가 멀다. 또 "그리스도와 연합한 자요 그리스도께 긍휼을 받은 자로서, 다른 사람들에게 말씀을 전할 권한을 오직 그리스도께로부터 받은 자로서 말해야 한다"라고 이해하는 사람들도 있고, "그리스도를 통해, 그분의 능력으로 말해야 한다"라고 하는 사람들도 있다.

그러나 아마도 다음과 같이 이해하는 것이 가장 좋을 듯하다. 이 헬라어 표현은 "내게 능력 주시는 자 안에서 내가 모든 것을 할 수 있느니라"(빌 4:13)라는 말씀과 일맥상통한다. 이 표현을 어떻게 이해하든, 한 가지는 분명하다. 즉, 우리는 긍휼하심을 입은 사람으로서 그리스도 안에서 말해야 한다. 우리 자신이 아니라 주님을 높이려는 마음으로 말씀을 전하고, 사람들이 우리를 어떻게 생각하든 오직 그리스도께서 우리의 사역을 통해 영광을 받으시는 것으로 만족해야 한다.

결론

이제 결론을 맺겠다. 우리 모두 자신에게 "하나님의 말씀을 정직하지 않게 다룬 적이 있는가? 하나님께 받은 것같이 하나님 앞에서와 그리스도 안에서 말하는가?"라고 물어야 한다. 모두의 양심에 묻고 싶다. 전하고 싶지 않은 성경 구절이 있는가? 의미를 이해하지 못해서가 아니라 자신이 좋아하는 진리와 모순되는 것 같아서 전하기가 꺼려지는 말씀이 있는가? 만일 그렇다면, 그런 태도가 하나님의 말씀을 부정하게 다루는 것은 아닌지 양심에게 물어보라.

너무 엄격하다는 느낌이나 일부 교인들의 귀에 거슬릴 것이라는 생각 때문에 전하지 않은 성경 말씀이 있는가? 교리에 관한 것이든 실천에 관한 것이든, 임의로 자르고 빼고 난도질하는 부분이 있는가? 만일 그렇다면, 과연 그것이 하나님의 말씀을 정직하게 다루는 태도일까?

하나님의 말씀을 혼잡하게 하지 않게 해 달라고 기도하라. 사람들이 두려워서, 또는 사람들에게 인기를 얻으려고 성경 말씀을 임의로 제한하고 난도질하고 바꾸지 않도록 주의하라. 하나님의 사자로서 말씀을 전하려면, 거룩하고도 담대한 태도를 가져야 한다. 성경이 가르치는 것이라면, 어느 것 하나도 전하기를 부끄러워해서는 안 된다.

우리 교단 사람은 아니지만 하나님께서 놀라운 영예를 허락하신 사람이 있다(스펄전 목사를 염두에 둔 말이다). 그 사람이 하나님의 놀라운 영예를 허락받은 가장 큰 이유 중 하나는, 그가 강단에서 사람들의 죄와 영혼에 관해 누구보다도 담대하고 자신 있게 말씀을 전하기 때문이다. 그는 아무도 두려워하지 않고, 그 누구도 기쁘게 하려고 하지 않는다. 그는 부유한 자와 가난한 자, 신분이 높은 자와 낮은 자, 귀족이나 농부, 배운 자나 무지한 자 모두에게 마땅히 들어야 할 말씀을 전한다. 그는 하나님의 말씀에 입각해 모든 사람을 공평하게 대한다. 나는 바로 그와 같은 담대함 때문에 하나님께서 그의 사역에 복을 주시고 큰 열매를 맺게 해 주신다고 생각한다. 이 점에 대해서만큼은 그에게서 배우는 것을 부끄럽게 생각하지 말자. 우리도 가서 그렇게 행하도록 힘쓰자.

3. Give Thyself Wholly To Them

Give thyself wholly to them.

(1 Timothy 4:15)

Chapter 3
이 모든 일에 전심전력하라

"이 모든 일에 전심전력하여"(딤전 4:15).

잘 알다시피, 디모데전서 4장 15절에서 "이 모든 일에 전심전력하여"라고 번역된 헬라어 표현은 예사롭지 않다. 이 표현을 글자 그대로 옮기면, "이것들 안에 거하라"로 번역할 수 있다. 이 표현은 '토투스 인 일리스(*totus in illis*)'와 '옴니스 인 혹 숨(*omnis in hoc sum*)'과 같은 라틴어 표현과 일맥상통한다. 영어로는 이 문장을 정확히 옮기기가 쉽지 않다. 영어 성경의 번역은 성령께서 바울에게 허락하신 말씀에 담겨 있는 뜻을 풀어서 옮긴 것으로 생각된다.

"이 모든 일에 전심전력하여"라는 바울의 말에서 '이 모든 일'이란, 디모데전서 4장 12절 "오직 말과 행실과 사랑과 믿음과 정절에 있어서 믿는 자에게 본이 되어"에서부터 15절에 이르기까지 말한 내용을 가리키는 듯하다.

이 말씀은 새 언약의 사역자들이 지녀야 할 증표, 곧 우리 모두가 목표로 삼으면서도 항상 부족하다고 인정해야 할 기준을 제시한다. "높은 곳을 겨냥한 사람이 높은 곳을 맞출 가능성이 가장 크다. 달을 향해 총을 쏘는 사람이 숲을 향해 총을 쏘는 사람보다 더 멀리 쏠 수 있다"라는 옛 격언이 있다.

하나님의 사람이 되라

바울에 따르면, 사역자는 오직 한 가지만을 생각해야 한다. 그가 표현한 대로, 사역자는 '하나님의 사람'이 되어야 한다. 사업에 몰두하는 사람, 쾌락을 추구하는 사람, 과학을 따르는 사람이 있다. 그러나 사역자의 목표는 '하나님의 사람'이 되는 것이어야 한다. 기독교를 믿지 않는 일부 나라에서 사용하는 표현을 빌리자면, 사역자는 '예수 그리스도의 사람'이 되어야 한다. 때로는 군대 용어를 사용해, '우리의 구원자요 위대한 대장이신 예수님의 군사'가 되는 것이 사역자의 본분이다. '무닉만 군인' 또는 '카펫 기사(Carpet knight, 실전 경험이 없는 군인)'라고 불리는 사람들이 있다. 다른 이유는 없고 오로지 제복을 입기 위해 군대에 들어간 사람들이 바로 그들이다. 반면 그들과는 달리 '철두철미한 군인'도 많다. 우리는 그런 사람이 되는 것을 목표로 삼아야 한다. 즉, '철두철미한 예수 그리스도의 사역자'가 되어야 한다.

우리는 때와 장소를 가리지 않고, 곧 주일이든 주중이든, 강단이든 자기 집 벽난로 앞이든, 부자의 응접실이든 가난한 사람의 누추한 집이든, 항상 똑같아야 한다. 교인들에게서 "강단에 섰으면 절대 내려오지 말고, 내려왔으면 다시는 강단에 서지 말았으면 좋겠다"는 말을 듣는 사역자들이 있다. 하나님께서 우리 모두가 이 점을 깊이 새길 수 있도록 은혜를 베풀어 주시기를 기도한다. 생활에서나 일에서나 강단에서나, 우리의 소명에 온 마음과 온 힘을 기울여 절대로 그런 비난을 듣지 않기를 간절히 바란다.

우리의 소명은 매우 특별하다. 다른 사람들은 하던 일을 모두 멈추고 휴식하는 시간을 보낼 수도 있지만, 예수 그리스도의 충실한 사역자는 그렇게 할 수 없다. 이 직임은 일단 맡으면 잠시도 벗어날 수 없다. 집에서든 밖에서든 바닷가에서든,

심지어 잠시 숨을 돌릴 때조차도 항상 우리의 신분은 어김없이 우리의 뒤에 따라붙는다. 대법관은 법복을 벗어 놓으면서 자기 자신에게 "대법관, 그곳에 잠시 누워 계시게"라고 말할 수 있지만, 그리스도의 사역자는 그래서는 안 된다.

하나님의 사역자가 되기 위한 실천 사항

디모데전서 4장 15절이 요구하는 것이 몇 가지 있다. 모두 우리가 추구하고 실천에 옮겨야 할 일들이다.

첫째, 이 말씀은 우리에게 위탁된 위대한 사역에 온전히 헌신하라고 요구한다. "나를 따르라"라는 예수님의 명령 앞에서 어떤 사람은 "나로 먼저 가서 내 아버지를 장사하게 허락하옵소서"(눅 9:59)라고 대답했다. 그러자 예수님은 엄숙하게 말씀하셨다.

"죽은 자들로 자기의 죽은 자들을 장사하게 하고 너는 가서 하나님의 나라를 전파하라"(눅 9:60).

또 어떤 사람은 "나로 먼저 내 가족을 작별하게 허락하소서"(눅 9:61)라고 말했고, 예수님은 그에게 "손에 쟁기를 잡고 뒤를 돌아보는 자는 하나님의 나라에 합당하지 아니하니라"(눅

9:62)라고 말씀하셨다. 그리스도께서는 칠십 명의 제자들에게 "길에서 아무에게도 문안하지 말라"(눅 10:4 참고)라고 명령하셨다. 이런 성경 말씀들은 직분을 감당할 때 항상 높은 것을 추구하라고 가르친다. 우리는 오직 한 가지, 곧 예수 그리스도의 사역만을 생각해야 한다.

둘째, 이 말씀은 세상의 것을 철저히 멀리하라고 요구한다. 우리는 가능한 한 속된 일을 멀리해야 한다. 이것은 목회 사역에서 가장 중요한 일이다. 나는 앞으로 관직을 겸하는 목회자나 돼지나 소나 순무를 크고 튼실하게 잘 키웠다고 농민 모임에서 상을 받는 목회자의 수가 차츰 줄어들 것이라고 확신한다. 그런 일은 사도적 계승과는 전혀 상관 없는 일이다.

우리는 세상의 일은 물론, 세상의 쾌락도 멀리해야 한다. 아무런 해가 없는 평범한 오락거리라고 하더라도, 그리스도의 사역자는 그런 일에 시간을 낭비해서는 안 된다. 사역자는 "그런 일을 할 시간이 없습니다. 저는 매우 중요한 일을 하고 있기 때문에 한눈을 팔 수가 없습니다"라고 말해야 한다.

셋째, 이 말씀은 사교 활동에 극도로 신중하라고 우리에게 요구한다. 다른 사람들이 하는 대로, 예의상 이루어지는 사교 방문이나 식사 초대에 늘 응할 필요는 없다. 물론 주님도 혼인

잔치에 참석하셨고, 바리새인의 집에서 음식을 잡수셨다. 우리도 얼마든지 그렇게 할 수 있다. 내 말은 늘 그분의 정신으로, 그분처럼 충실하고 담대하게 때에 맞는 말을 하고, 유익한 대화를 나누며, 아무것에도 유혹을 받지 말라는 뜻이다. 그렇게 할 수 없다면, 어디에 가서 어떤 사람들과 어울리고 어떤 환경에서 저녁 시간을 보내게 될지를 신중히 생각해야 한다.

존 웨슬리(John Wesley)는 목회자들에게 언뜻 이상하게 들리는 충고를 건넸다. 세실(Cecil)은 웨슬리의 말에 많은 진리가 담겨 있다고 생각하고는 이렇게 인용했다. "신사라는 평가를 받으려고 하지 말라. 신사가 되려고 하는 것은 댄스 교사가 되려고 하는 것과 전혀 다를 바가 없다." 우리의 목표는 식사 자리에서 유쾌한 말동무가 되는 것이 아니라 어디서나 한결같은 예수 그리스도의 충실한 사역자가 되는 것이다.

넷째, 이 말씀은 시간을 아껴 부지런히 살라고 요구한다. 우리는 날마다 책을 읽어야 하고, 읽은 내용을 사역에 적용하려고 노력해야 한다. 벽난로 앞에 앉아 있든 기차역에 있든 여행을 하는 중이든, 무엇을 하든 우리는 항상 눈을 크게 뜨고 설교의 소재를 찾으려고 애써야 한다. 우리는 항상 주님의 일을 염두에 두고서, 우리의 사역에 새로운 힘을 불어넣고 진리를 적절하게 전하는 데 도움이 될 만한 것들을 보고 관찰하고 찾아야 한다. 무엇인가 배울 것을 찾는 사람은 항상 노력한 만큼 성과를 거두기 마련이다.

결과

다음으로는 "이런 일에 전심전력하면 어떤 결과가 나타날까?" 하는 문제를 살펴보자.

무엇보다 사람들의 칭찬을 받지는 못할 것이 분명하다. 오히려 극단적이고, 지나치게 금욕적이며, 너무 의로운 척한다는 평을 듣게 될 것이다. 하나님과 재물을 동시에 섬기는 사람들은 우리가 너무 높은 기준을 따르고, 너무 엄격하게 실천한다고 생각할 것이다. 그들은 우리가 세상의 기준에서 너무나 멀리 벗어나 산다고 말할 것이다. 그러나 말씀의 빛 가운데서 행하는 한, 사람들이 우리를 어떻게 평가하든 관심을 기울이지 말라. 사람들의 말을 귀담아듣지 말고, 초연한 태도로 하나님을 기쁘시게 하려고 노력하며 기도하라.

주님은 "모든 사람이 너희를 칭찬하면 화가 있도다"(눅 6:26)라고 경고하셨다. 그리고 바울은 "내가 지금까지 사람들의 기쁨을 구하였다면 그리스도의 종이 아니니라"(갈 1:10)라고 말했다. 이 말씀들을 잊지 말라.

"이런 일에 전심전력하면," 비록 사람들의 칭찬은 받지 못하더라도, 그보다 훨씬 더 중요한 일, 곧 영혼들을 유익하게 하는 일을 할 수 있다. 물론 나는 죄인의 구원이 하나님의 절대 주권에 달려 있다는 교리를 굳게 믿는다. 설교를 아무리 잘하고 하나님께 누구보다 충성한다고 해서 항상 많은 영혼을 구원으로 인도하는 영예를 누릴 수 있는 것은 아니다. 그러나 오로지 예수 그리스도의 사람이 되고자 힘쓰는 사람, 곧 주일이든 다른 날이든, 집 안에서든 밖에서든 예수 그리스도의 사역을 위해 헌신하는 것만을 유일한 목표로 삼는 사람이 가장 큰 유익을 끼치는 사역자가 될 수 있다.

찰스 시므온(Charles Simeon, 1759-1836)이 바로 그런 사람이다. 그는 케임브리지에서 그리스도를 전하기 시작할 때부터 핍박을 받았다. 사람들은 그에게 말을 걸지 않고 비난의 손가락질을 해 댔다. 그러나 그는 인내하며 사역을 감당했다. 그런데 그가 죽자 케임브리지 사람들이 모두 나와 그에게 경의를 표했다. 그가 살아 있을 때는 비방을 일삼던 각 집안의 가장들과 대학의 연구원들은 그가 죽자 모두 그를 존경했다. 사람들은 그의 삶이 자신들에게 영향을 많이 미쳤으며, 하나님께서 그와 함께하시는 것을 똑똑히 보고 알게 되었다고 말했다.

일전에 경건하다고 칭송받는 로버트 맥체인(Robert M'Cheyne)에 관해 많이 아는 사람을 던디(Dundee)에서 만났다. 그녀는 단지 맥체인의 편지와 설교를 읽기만 한 사람들은 그가 어떤 사람인지를 알 수 없다고 말했다. "그가 남긴 것을 읽는 것만으로는 그에 관해 아무것도 알 수 없습니다. 그를 직접 보고, 그의 말을 듣고, 그를 알고, 그와 교제해 보아야만 비로소 그가 얼마나 훌륭한 하나님의 사람이었는지를 알 수 있습니다"라고 말했다.

"이런 일에 전심전력하면," 우리의 양심이 평화롭고 행복해질 수 있다. 지금 나는 그리스도 안에 있는 형제들을 상대로 말하고 있다. 따라서 세상 사람들을 상대로 말할 때처럼 내 말의 의미를 설명하고 옹호할 필요가 없다. 지금 내 앞에 있는 형제들은 내 말이 행위로 의롭다하심을 받는다는 뜻이 아님을 분명히 알 것이다. 나는 지금 사도가 말한 '선한 양심'에 대해 말하고 있다.

"우리에게 선한 양심이 있는 줄을 확신하노니"(히 13:18).

선한 양심을 유지하는 것은 목회 생활의 고귀한 목적과 동기와 기준과 밀접하게 연관되어 있다. 사역에 온전히 헌신할수록 내면의 행복과 하나님의 은혜로운 얼굴빛을 의식하는 마음이 더욱 크고 풍성해진다.

이 주제는 우리를 겸손하게 만든다. 우리 중에 "부족한 나여! 부족한 나여! 아무 쓸모도 없는 나여! 이 높은 기준 앞에서 나는 얼마나 부족한가!"라고 외치지 않을 사람이 누가 있겠는가? 그러나 그렇게 부족하기 때문에 긍휼하심을 받은 것이 아니겠는가? 하나님의 오래 참으심으로 말미암아 은혜를 입었으니 당연히 주님의 일에 깊은 관심을 기울여 사역에 온전히 헌신해야 하지 않겠는가? 사역의 비결은 항상 예수님을 바라보며, 그분과 친밀히 교제하는 것이다.

지난번에 케임브리지에서 시므온이 공공도서관에 유언으로 증여한 헨리 마틴(Henry Martyn)의 초상화를 본 적이 있다. 나의 한 친구는 그 초상화가 원래 시므온의 방에 걸려 있었다고 말하면서 거기에 얽힌 이야기를 들려주었다. 시므온은 사역에 나태해질 때면 그 초상화 앞에서 "저 초상화가 나에게 '찰스 시므온아, 빈둥거리지 말라. 빈둥거리지 말라. 찰스 시므온아, 네가 누구에게 속했는지, 네가 누구를 섬기고 있는지를 잊지 말라'라고 말하는 듯하구나"라고 스스로를 채찍질했다고 한다. 훌륭한 시므온은 그럴 때마다 자신만의 특유한 몸짓으로 공손히 머리를 조아리면서 "게으르지 않겠습니다. 게으르지 않겠습니다. 잊지 않겠습니다"라고 다짐했다고 한다.

우리는 헨리 마틴이나 맥체인은 물론 다른 누구보다도 훨씬 더 뛰어난 본보기를 바라봐야 한다. 우리는 위대하신 목자를 본보기로 삼아 그분의 발자취를 따라가야 한다. 늘 그분 안에 거하며, 나태해지지 말라. 세상을 멀리하고, 오직 예수님만을 바라보며 가야 할 길을 걸어가라. 세상의 쾌락이나 어리석음에 얽매이지 말고, 세상이 찌푸린다고 염려하거나 미소를 짓는다고 기뻐하지 말라. 오직 위대하신 목자께서 충성을 다해 복음을 전한 모든 사람들에게 썩지 않는 영광의 면류관을 주실 그날을 바라보라. 그리스도의 마음을 많이 품을수록 "이 모든 일에 전심전력하라"라는 말씀의 의미를 더욱 분명히 알게 될 것이다.

4. Pharisees And Sadducees

*Then Jesus said unto them,
Take heed and beware of the leaven
of the Pharisees and of the Sadducees.*
(Matthew 16:6)

Chapter 4
바리새인과 사두개인들의 누룩

"예수께서 이르시되 삼가 바리새인과 사두개인들의 누룩을
주의하라 하시니"(마 16:6).

주 예수님께서 하신 말씀은 무엇이든 신자가 가슴에 깊이 새겨야 할 교훈을 담고 있다. 주님의 말씀은 목자의 음성이요 교회의 머리께서 각 지체에게 내리신 명령이다. 주님의 말씀은 만왕의 왕께서 자기 백성에게 공표하신 칙령이요, 집주인이 종들에게 요구하신 명령이자, 구원의 대장께서 자기 군사들에게 지시하신 명령이다. 주님의 말씀은 무엇보다 "내가 내 자의로 말한 것이 아니요 나를 보내신 아버지께서 내가 말할 것과 이를 것을 친히 명령하여 주셨으니"(요 12:49)라고 말씀

하신 구세주의 음성이다. 따라서 주 예수님을 믿는 모든 신자는 주인의 음성을 들을 때 가슴에 불길이 활활 타올라야 한다. 신자는 예수님의 말씀을 들을 때 "내 사랑하는 자의 목소리로구나"(아 2:8)라고 소리쳐야 한다.

주 예수님께서 하신 말씀은 모두 지극히 큰 가치를 지닌다. 그분의 가르침과 계명은 금보다 더욱 귀하다. 그분의 비유와 예언은 지극히 보배롭고, 그분이 주시는 위로와 격려는 참으로 소중하다. 경고와 주의를 당부하는 말씀마저도 지극히 보배롭다. 우리는 "수고하고 무거운 짐 진 자들아, 다 내게로 오라"(마 11:28)라는 말씀만이 아니라 주의하라고 당부하시는 말씀에도 귀를 기울여야 한다.

이제 주님이 남기신 가장 엄숙한 경고의 말씀 중 하나를 본격적으로 살펴보자. 주님은 "삼가 바리새인과 사두개인들의 누룩을 주의하라"(마 16:6)라고 당부하셨다. 나는 이 말씀을 근거로, 영혼이 멸망하지 않고 구원받기를 바라는 사람들을 인도할 횃불에 불을 붙이려고 한다. 오늘의 시대는 그런 횃불을 간절히 바란다. 지난 25년 동안, 헤아릴 수 없이 많은 영혼들이 파멸에 이르렀다. 지금이야말로 교회의 파수꾼들이 목소리를 높여 확실하게 외쳐야 할 때이다. 그렇게 하지 않을 바에는 차라리 영원히 침묵하는 편이 더 낫다.

제자들을 향한 경고

이 말씀의 경고가 누구에게 주어졌는가? 주 예수 그리스도께서는 경건하지도, 거룩하지도 않은 속된 사람들이 아니라 자신의 제자들과 친구들을 향해 말씀하셨다. 배교자인 가롯 유다를 제외한 다른 제자들은 모두 하나님께서 보시기에 마음이 올바른 사람들이었다. 주님은 제자들, 곧 처음으로 교회를 세우고 구원의 말씀을 전파한 사도들을 향해 "주의하라"라고 엄히 당부하셨다.

주님의 명령은 얼른 납득하기 힘든 면이 있다. 우리가 생각하기에 사도들은 그런 경고가 거의 필요 없는 사람들인 듯하다. 그들은 그리스도를 위해 모든 것을 버리지 않았는가? 그렇다. 그들은 그리스도를 위해 온갖 시련을 감내하지 않았는가? 그렇다. 그들은 세상이 모두 예수님을 믿지 않을 때 그분을 믿고 따르고 사랑하지 않았는가? 물론 그들은 그분을 믿고 따르고 사랑했다. 그런데도 예수님은 그들에게 "주의하라"라고 경고하셨다.

우리는 제자들이 '바리새인과 사두개인들의 누룩'을 두려워할 필요가 없었을 것이라고 생각하기 쉽다. 왜냐하면 제자들이 대부분 가난하고 무지한 어부와 세리 출신이었기 때문이다. 그들은 바리새인과 사두개인들을 좋아하지 않았다. 오히려 그들이 바리새인과 사두개인들을 탐탁하지 않게 여겼을 가능성이 더 크다. 그런데도 주님은 그들에게 "주의하라"라고 당부하셨다.

　여기에 주 예수 그리스도를 진심으로 사랑한다고 고백하는 사람이라면 누구나 귀를 기울여야 할 유익한 교훈이 있다. 마태복음 16장 6절은 그리스도의 가장 뛰어난 종들조차도 경고의 말씀을 듣고 항상 경계해야 한다고 분명히 말한다. 지극히 거룩한 신자들도 유혹에 빠져 잘못을 저지르지 않으려면, 하나님과 겸손히 동행하며 깨어 기도해야 한다. 물론 참신자는 돌이킬 수 없는 길로 가지는 않는다. 그러나 온전히 거룩하지 않기 때문에 자칫 잘못하면 자신에게는 슬픔을, 교회에게는 수치를, 세상에게는 승리를 안겨 주는 결과를 초래할 수 있다.

　한동안의 패배조차도 허락하지 않을 만큼 강한 사람은 아무도 없다. 신자는 성부 하나님께 선택되어 예수 그리스도의 보혈과 의로 의롭다하심을 받고 성령으로 거룩해졌지만, 여전히 한갓 인간에 지나지 않는다. 신자는 육신을 입고 세상에 거하기 때문에 항상 유혹에 노출되어 있다. 신자는 교리나 실천의 측면에서 잘못을 저지를 가능성이 크다. 그의 심령은 비록 새로워졌지만 매우 연약하고, 그의 생각은 새롭게 깨어났지만 여전히 매우 어둡다.

신자는 적군의 땅에서 살아가는 사람인 양 살아야 한다. 날마다 하나님의 전신 갑주를 입어야 한다. 마귀는 매우 부지런하다. 그는 졸지도 않고, 잠을 자지도 않는다. 노아와 아브라함과 롯과 모세와 다윗과 베드로가 저지른 죄를 잊어서는 안 된다. 그들을 기억하고 겸손해야 한다. 실족하지 않으려면 깨어 조심해야 한다.

나는 그리스도의 복음을 전하는 사역자만큼 경고의 말씀이 더 절실히 필요한 사람은 없다고 생각한다. 우리의 직임이나 성직 안수가 실수와 잘못을 막아 주는 보장이 될 수는 없다. 안타까운 사실이지만, 성직 안수를 받은 사람들을 통해 그리스도의 교회에 가장 악한 이단이 침투해 온 경우가 많다. 또한 감독이나 장로 같은 교회의 직분자라고 해서 거짓 교리와 죄로부터 자유로운 것은 결코 아니다. 복음에 익숙한 탓에 오히려 마음이 강퍅해지는 경우가 더 많다.

우리는 메마르고 형식적이고 완고하고 냉랭한 마음으로 성경을 읽고, 말씀을 가르치고, 공중 예배를 인도하고, 하나님을 섬길 가능성이 크다. 우리의 마음을 성찰하는 데는 게으르면서 거룩한 일에만 익숙하다면, 잘못된 길로 치우치기가 쉽다. 옛 저술가는 "성직자의 직임보다 인간의 영혼을 더 위험하게 만드는 것은 없다"라고 말했다.

교회의 역사를 돌아보면, 누구보다 탁월했던 사역자들이 한동안 잘못된 길에 치우쳤던 우울한 사례를 많이 볼 수 있다. 크랜머 대주교의 일을 모르는 사람이 있는가? 비록 하나님의 은혜로 나중에는 영광스런 신앙고백을 다시 지지했지만, 그도 한때는 그토록 강력하게 옹호했던 믿음의 진리를 철회한 적이 있었다. 또한 쥬얼 감독이 자신이 극구 반대했던 문서에 서명하고 나서 가슴을 치며 후회했다는 사실을 모르는 사람이 있는가? 한동안 오류에 사로잡혀 믿음을 저버리고 잘못을 저지른 사람이 어디 한둘이겠는가? 더욱이 그런 사람들 가운데 다시 진리로 돌아오지 못하고, 끝까지 강퍅한 마음으로 잘못된 길을 고집한 사람들이 얼마나 많은가?

우리는 그런 사례들을 기억해 겸손하고도 신중하게 처신해야 한다. 자신을 과신하지 말고, 잘못을 저지르지 않게 해 달라고 늘 기도해야 한다. 오늘날 우리는 개신교의 개혁 교리를 굳게 붙잡으라는 부르심을 받았다. 개신교의 원리를 추구하는 우리의 열정 때문에 교만하거나 자만해서는 안 된다. "나는 교황주의나 합리주의에 근거한 신(新)교리에 빠지지 않을 거야. 그런 견해들은 나에게 절대 맞지 않아"라고 자신해서는 안 된다. 잘 시작하여 한동안 올바른 길을 가다가 나중에 잘못된 길로 치우친 사람이 많음을 기억하라. 단지 개신교를 믿는 것으로 그치지 말고 신령한 삶을 살며, 적그리스도를 대적하는 것으로 만족하지 말고 그리스도의 진정한 친구로 살아가라. 오류에 빠지지 않게 해 달라고 기도하라. 교회의 머리이신 주님이 열두 사도에게 주의하라고 당부하셨다는 것을 잊지 말라.

바리새인과 사두개인

주님은 사도들에게 어떤 위험에 대해 경고하셨는가? 주님은 "바리새인과 사두개인들의 누룩을 주의하라"(마 16:6)라고 말씀하셨다.

주님은 거짓 교리를 주의하라고 경고하셨다. 주님은 마태복음 16장 6절에서 박해의 칼이나 십계명을 노골적으로 어기는 일이나 돈이나 쾌락을 사랑하는 것에 관해 말씀하시지 않는다. 물론 사도들의 영혼도 그런 모든 위험과 덫에 노출되어 있었다. 그러나 주님은 여기서 그런 것들을 경고하시지 않았다. 그분의 경고는 한 가지에 집중되었다. 그것은 바로 "바리새인과 사두개인들의 누룩"이었다. '누룩'의 의미에 관해 억지로 추측할 필요는 없다. 성령께서는 마태복음 16장 6절의 몇 구절 아래에서 누룩이 바리새인과 사두개인들의 교훈을 뜻한다고 분명히 말씀하셨다(마 16:12 참고).

그렇다면 "바리새인과 사두개인들의 교훈"이 어떤 것인지를 잠시 생각해 보자.

바리새인의 교훈

바리새인의 교훈은 세 마디로 요약될 수 있다. 즉, 그들은 형식주의자요, 전통숭배자이며, 스스로를 의롭게 생각하는 사람들이었다. 그들은 인간의 전통을 하나님의 영감으로 기록된 구약성경보다 더 중요하게 여겼다. 그들은 모세의 율법에 기록된 모든 의식법을 지나치다 싶을 정도로 엄격하게 지키는 자신들을 무척이나 자랑스럽게 생각했다. 그들은 자신들이 아브라함의 후손이라는 사실에 자부심을 가지고, '우리의 아버지는 아브라함이다'라고 생각했다. 그들은 자신들이 아브라함의 후손이기 때문에 다른 사람들과는 달리 지옥에 갈 위험이 없으며, 천국은 따 놓은 당상이라고 생각했다.

또한 그들은 육체를 씻고 정결 의식을 행하는 데 큰 가치를 부여했고, 죽은 파리나 벌레를 만지면 몸이 부정하게 된다고 믿었다. 그들은 경건의 겉모습을 중시했고, 사람들의 눈에 보이는 행위에만 많은 관심을 기울였다. 그들은 경문 띠를 넓게 하고 옷술을 길게 만들었으며(마 23:5 참고), 죽은 성인(聖人)들에게 큰 존경을 표하고 의인들의 무덤을 아름답게 장식하는 것을 자랑으로 삼았다. 그들은 사람들을 개종시키기 위해 매우 노력했고, 권력과 명예와 높은 지위를 중시했으며, 사람들에게 '랍비라 칭함을 받는 것'(마 23:7)을 좋아했다. 바리새인들의 그런 많은 행위들이 마태복음과 마가복음에 자세히 기록되어 있다(마 15:1-20, 23장; 막 7:1-22 참고).

그들은 형식상으로는 구약성경을 조금도 부정하지 않았다. 그러나 인간의 생각과 견해를 너무 많이 덧붙인 탓에 실제로는 구약성경을 부인하고, 그것을 인간의 전통 아래 예속시키는 잘못을 저질렀다. 이것이 바로 주님께서 사도들에게 "주의하라"라고 당부하신 잘못이다.

사두개인의 교훈

사두개인의 교훈도 세 마디로 요약할 수 있다. 그들은 자유사상가이자 회의주의자요 합리주의자였다. 그들의 신조는 바리새인의 신조보다 인기가 훨씬 적었다. 그래서 신약성경에는 그들에 관한 말씀이 별로 많지 않다. 신약성경의 기록만으로 판단하면, 그들은 구약성경이 책마다 영감의 정도가 다르다고 생각한 듯하다. 구체적으로 말해, 그들은 구약성경의 다른 책들보다 모세 오경을 더 귀하게 여겼다. 그들은 부활도, 천사도, 영도 없다고 믿었으며, 이상한 상상력을 발휘해 난해한 질문들을 던져 부활과 천사와 영이 있다고 믿는 사람들을 비웃었다. 그들은 남편이 일곱인 여자의 경우를 상상하면서 예수님께 "부활 때에 그중에 누구의 아내가 되리이까"(눅 20:33)라고 물었다. 여기서 그들의 사고방식을 엿볼 수 있다. 그들은 중요한 신앙의 교리를 우스꽝스럽고도 불합리하게 만들어 성경을 믿는 신앙을 포기하도록 유도했다.

물론 사두개인들은 노골적인 불신자나 철저한 불신자는 아니었다. 그들은 계시를 완전히 부인하지는 않았다. 그들은 모세의 율법을 지켰다. 사도행전에 나타나듯이, 그들 가운데 많은 사람들이 제사장이었다. 주님을 단죄했던 가야바도 사두개인이었다. 그러나 그들의 교훈은 계시를 믿는 믿음을 뒤흔들고, 인간의 마음에 의심의 먹구름을 드리웠다. 이런 면에서 그들은 불신자와 거의 다를 바가 없었다.

이렇듯 주님은 자유사상, 회의주의, 합리주의를 '주의하라'고 경고하셨다.

계속되는 거짓 교리의 역사

그렇다면 주 예수 그리스도께서 왜 그렇게 경고하셨을까? 주님은 40년 안에 바리새파와 사두개파가 완전히 사라질 것을 잘 알고 계셨다. 처음부터 모든 것을 알고 계시는 주님은 40년 안에 예루살렘과 그 웅장한 성전이 파괴되고, 유대인들이 온 세상에 흩어질 것도 이미 다 알고 계셨다. 그런데 왜 "바리새인과 사두개인들의 누룩을 주의하라"(마 16:6)라고 경고하셨을까?

나는 주님께서 이 엄숙한 경고의 말씀을 통해 세상에 세우실 교회를 유익하게 하려 하셨다고 믿는다. 그분은 예언적인 지식으로 말씀하셨다. 그분은 인간의 본성이 어떤 오류에 취약한지를 잘 알고 계셨다. 그분은 바리새인의 교훈과 사두개인의 교훈이 세상에 있는 교회를 항상 위협할 두 가지 큰 오류라는 것을 미리 내다보셨다. 주님께서 재림하실 때까지 이 두 가지 교훈이 맷돌의 윗돌과 아랫돌로 맞물려 그 사이에 진리를 집어넣고 계속 갈아 뭉개리라는 것을 알고 계셨다.

그분은 스스로 신자라고 말하는 사람들 가운데 항상 바리새인과 사두개인의 정신을 본받은 사람들이 있으리라는 것을 미리 꿰뚫어 보셨다. 그분은 세대가 바뀌어도 그런 사람들이 사라지지 않고 계속 존재할 것임을 알고 계셨다. 바리새인이나 사두개인이라는 명칭은 사용하지 않더라도 그들의 원리가 항상 존재하리라는 것을 알고 계셨다. 그분은 재림이 이루어지기 전까지 세상에 교회가 존재하는 이상, 성경에 무엇인가를 더하거나 **빼는** 일, 곧 성경에 다른 것을 덧붙여 말씀을 혼잡하게 하거나 성경의 핵심 진리를 제거해 말씀을 무용지물로 만드는 일이 계속되리라는 것을 미리 내다보셨다. 그래서 주님은 "바리새인과 사두개인들의 누룩(교훈)을 주의하라"라고 경고하셨다.

이번에는 "주님이 그렇게 경고하셔야 할 충분한 이유가 있었을까?" 하는 문제를 생각해 보자. 교회의 역사를 조금이라도 알고 있다면, 내 말에 귀를 기울여 보라. 과연 그런 경고가 필요 없었다고 생각하는가? 사도들이 죽고 나서 얼마 지나지 않아 일어난 일에 대해 조금이라도 알고 있다면, 한번 생각해 보라. 초기 교회에 두 개의 파당이 나타났다. 하나는 아리우스주의(Arianism)처럼 진리를 빼 버리는 오류를 저질렀고, 다른 하나는 유골 숭배자와 성인 숭배자들처럼 진리에 다른 것을 더하는 오류를 저질렀다. 그 후에도 한편으로는 로마 교황주의의 형태로, 다른 한편으로는 소시니우스주의(Socinianism)의 형태로 똑같은 일이 벌어지지 않았는가? 영국 국교회의 역사를 보더라도 "비충성파(Non-jurors)"[1]와 "광교회주의(Latitudinarians)"라는 두 개의 파당이 있지 않았는가? 이것이 과거의 역사이다. 여기서는 지면이 부족해 그런 역사적 사실을 자세히 논하기가 힘들지만, 지난날의 역사에 익숙한 사람이라면 모두들 그런 사실을 잘 알고 있을 것이다. 한마디로, 역사적으로 두 개의 큰 파당, 곧 바리새인의 원리를 대표하는 파당과 사두개인의 원리를 대표하는 파당이 존재해 왔다. 이처럼 이 두 파당에 대해 주의하라고 당부하실 만한 충분한 이유가 있었다.

나는 여기서 한 걸음 더 나아가 이 주제를 우리 시대에 적용하고 싶다. 이 경고가 우리 시대에 특별히 더 필요하지는 않은

---

[1] 역자주 – 1688년 영국에서 명예혁명으로 제임스 2세가 퇴위하고 나서 왕위에 오른 윌리엄 2세와 메리 2세에게 충성 서약을 거부한 영국 국교회 목회자들을 가리킨다.

지 깊이 생각해 보기를 바란다. 우리는 지난 300년에 비해 인문학과 자연 과학 분야에서 큰 발전을 이룩했다. 도덕과 종교의 겉모습과 형태도 과거보다 더욱 나아졌다. 그러나 자기 집과 벽난로에만 관심이 있는 사람이 아니라면, 우리가 과연 거짓 교리로부터 자유로운 시대에 살고 있는지를 생각해 보라.

우리 주위에는 알게 모르게 우리를 로마 교회로 인도하는 사람들이 있다. 그들은 과거의 전통과 교부들의 글과 교회의 목소리에서 원리들을 도출해 교회와 사역과 성례에 관해 많은 글을 쓰고, 그것들을 아론의 지팡이처럼 만들어 기독교의 다른 모든 것들을 집어삼키려고 한다. 그들은 몸짓, 자세, 절, 십자가, 성수반, 사제석, 제기 탁자, 제단 칸막이, 미사 제복, 제복 밑에 입는 얇은 명주옷, 특별 의식 때 입는 긴 사제복, 제의, 제대포, 향, 형상, 깃발, 행렬, 꽃 장식 등 종교의 형식과 의식에 큰 가치를 부여한다. 그러나 이런 것들이 기독교 예배에 필요하다고 말하는 성경 말씀은 단 한 구절도 없다.

이런 것들을 주장하는 사람들을 통틀어 '의식주의자(Ritualist)'라고 일컫는다. 그들의 생각과 행동을 살펴보면 한 가지 결론에 도달할 수밖에 없다. 즉, 그들의 의도와 취지가 무엇이든, 또 그들이 얼마나 경건하고 금욕적이고 열정적이든, 그들은 바리새인의 전철을 밟고 있을 뿐이다.

이와는 대조적으로, 알게 모르게 소시니우스주의를 위해 길을 닦고 있는 사람들이 있다. 그들은 성경의 완전 영감설, 희생의 교리, 주 예수 그리스도의 속죄와 영원한 형벌, 인간에 대한 하나님의 사랑 등에 관해 잘못된 견해를 제시한다. 그들은 부정적인 것에는 강하지만, 긍정적인 것에는 약하다. 그들은 의심을 부추기는 재주는 많지만, 의심을 가라앉히는 재주는 없다. 또 사람들의 믿음을 뒤흔들어 무너뜨리는 데는 뛰어나지만, 믿음을 견고하게 하는 데는 무기력하다. 이런 사람들은 자신들이 의도한 것이든 아니든 사두개인의 전철을 밟고 있는 셈이다.

나의 말이 지나치게 들릴 수도 있다. 사실 눈을 질끈 감고서 "아무 위험도 발견할 수 없어"라고 말하기는 그리 어렵지 않다. 보지 않으면 믿지 않아도 되기 때문이다. 귀를 막고 "아무 소리도 들리지 않아"라고 말하기는 쉽다. 듣지 않으면 아무 경각심도 느끼지 못하기 때문이다. 그러나 우리의 교회의 일부 진영에는 마땅히 개탄해야 할 상황을 오히려 기뻐하는 사람들이 존재한다는 사실을 잊어서는 안 된다.

우리는 로마 가톨릭교회가 무엇을 생각하는지, 소시니우스주의자들이 무엇을 생각하는지를 알고 있다. 로마 가톨릭교회는 고교회주의(Tractarian Party)의 발흥을 기뻐할 것이고, 소시니우스주의는 속죄와 영감에 관한 자유주의적 견해의 발흥을 기뻐할 것이다. 그들은 자신들이 원하는 일이 이루어지지 않고 자신들의 명분이 옹호되지 않는다면 지금처럼 기뻐하지 않을 것이다.

이런 상황은 우리가 생각하는 것보다 훨씬 더 위험하다. 여러 곳에서 읽히는 책들이 큰 해악을 초래하고 있다. 또한 각계각층, 특히 신분이 높은 사람들이 가지고 있는 종교에 관한 사상은 참으로 불만족스럽다. 이런 해악이 전염병처럼 번지고 있다. 우리가 생명을 사랑한다면, 우리 자신의 마음을 깊이 성찰하고 우리의 믿음을 시험해 과연 올바른 토대 위에 서 있는지를 확인해야 한다. 무엇보다도 거짓 교리를 받아들여 우리의 처음 사랑을 버리는 일이 없도록 주의해야 한다.

나는 이 문제에 대해 솔직하게 말하고 싶다. 거짓 교리에 관해 솔직하게 의사를 표명하는 것은 크게 환영받는 일은 아니다. 그러나 논쟁을 일삼는 편협하고 너그럽지 못한 사람이라는 소리를 듣더라도 개의치 않을 생각이다. 신앙의 여러 가지 차이를 구별하지 못하는 사람들이 너무나 많다. 목회자면 되고, 설교면 된다고 생각하는 사람들이 많다. 그들에게는 목회자나 교리의 차이를 구별할 능력이 없다. 그런 사람들이 거짓 교리를 주의하라는 경고에 귀를 기울일 리가 없다. 나는 그들에게 비난받을 각오를 해야 하고, 가능한 한 온 힘을 다해 참고 견뎌야 한다.

그렇다 하더라도 나는 공평하고도 정직한 마음으로 성경을 읽는 사람들에게 당부한다. 신약성경에 눈을 돌려 그곳에서 발견되는 말씀에 관심을 기울이라. 우리는 그곳에서 거짓 교리를 주의하라는 경고를 발견할 수 있다.

"거짓 선지자들을 삼가라"(마 7:15).

"누가 철학과 헛된 속임수로 너희를 사로잡을까 주의하라"(골 2:8).

"여러 가지 다른 교훈에 끌리지 말라"(히 13:9).

"영을 다 믿지 말고 오직 영들이 하나님께 속하였나 분별하라"(요일 4:1).

신약성경에는 참된 교리를 자세히 설명하고, 거짓 교리를 경계하라고 말하는 구절들이 많다. 그런데 어떻게 성경을 신앙의 유일한 규칙으로 삼는 사역자가 거짓 교리를 경계하라는 경고의 말씀을 외면할 수 있겠는가?

마지막으로, 오늘날 영국에서 어떤 일이 벌어지고 있는지를 생각해 보라. 지난 30년 동안, 많은 사람들이 국교회를 떠나 로마 가톨릭교회로 개종하지 않았는가? 또한 국교회에 속해 있는 사람들 중에도 마음이 로마 교황주의자들과 별반 다르지 않은 사람들이 많지 않은가? 그들이 마음을 따라 솔직히 행한다면, 뉴먼(Newman)이나 매닝(Manning)과 같은 사람들의 뒤를 따라가야 할 것이다.

　뿐만 아니라 옥스퍼드와 케임브리지에 있는 젊은이들 가운데 의심을 부추기는 회의주의의 영향을 받아 긍정적인 믿음의 원리를 모두 잃어버린 이들이 상당수에 이르는 것도 사실이지 않은가? 요즘에 기독교 내에서 일어나고 있는 젊은 세대는 신앙에 관한 주제를 다루는 신문을 비웃고, '파당'을 짓는 것을 혐오한다. 그들은 '깊은 사고, 폭넓은 식견, 새로운 깨달음, 자유로운 성경 해석, 특정한 신학 사상의 약점' 등과 같이 거창하면서도 모호한 말들을 늘어놓는다.

　이런 걱정스런 현실 앞에서 어떤 사람들은 "거짓 교리를 비판하지 말고 침묵하라. 거짓 교리를 가만히 놔두라"라는 식으로 말한다. 그러나 나는 침묵할 수가 없다. 나는 목회자로 임명받을 때 하나님의 말씀을 믿고 사람들의 영혼을 사랑하겠다고 맹세했다. 그러므로 나는 오늘날의 오류를 규탄하지 않을 수 없다. 확신하건대, "바리새인과 사두개인들의 누룩을 조심하라"라는 우리 주님의 말씀은 이 시대를 위한 진리이다.

바리새인과 사두개인들의 '누룩'

주 예수 그리스도께서는 바리새인과 사두개인들의 교훈을 무엇에 빗대셨는가? 주님은 항상 가장 적합하고도 지혜롭게 말씀하신다. 그분은 "바리새인과 사두개인들의 교리나 가르침이나 견해를 주의하라"라고 말씀하시지 않았다. 그분은 그것을 매우 독특한 성격을 지닌 것에 빗대어 표현하셨다. 즉, 그분은 "바리새인과 사두개인들의 누룩을 주의하라"라고 말씀하셨다.

우리는 '누룩'이라는 말의 의미를 잘 알고 있다. 그것은 흔히 '효모(yeast)'로 불린다. 잘 알다시피, 효모는 빵을 만들 때 밀가루 반죽에 집어넣는 재료이다. 많은 양의 밀가루 반죽에 들어가는 효모의 양은 매우 적다. 이처럼 거짓 교리도 처음에는 기독교 전체의 규모에 비하면 그 영향력이 매우 미미하다. 그런데 효모는 아무 소리 없이 은밀하게 작용한다. 이처럼 거짓 교리도 사람들의 마음에 은밀하게 영향을 미친다. 그러면서 효모는 서서히 밀가루 반죽 전체를 부풀어 오르게 한다. 마찬가지로, 바리새인과 사두개인들의 교리도 일단 교회나 신자의 마음에 영향을 미치기 시작하면, 결국 모든 것을 바꿔 놓는다. 오늘날 우리가 경험하는 많은 문제를 이해하려면 이 사실을 알아야 한다. '누룩'이라는 말에 담겨 있는 지혜로운 교훈을 받아들이는 것은 매우 중요하다.

거짓 교리는 그 실체를 있는 그대로 드러내지 않는다. 거짓 교리는 자기가 잘못되었다고 주장하지 않는다. 거짓 교리는 사람들 앞에서 나팔을 불지도 않고, 진리를 포기하라고 공공연히 주장하지도 않는다. 거짓 교리는 밝은 대낮에 사람들 앞에 버젓이 나와 무릎을 꿇으라고 요구하지도 않는다. 거짓 교리는 사람들이 의심하거나 경계하지 않도록 은밀하고 조용하며, 음험하고 그럴듯하게 접근한다. 거짓 교리는 양의 가죽을 뒤집어쓴 늑대이다. 그리스도의 교회를 위협하는 가장 위험한 원수는 항상 '광명의 천사'(고후 11:14)로 가장한 사탄이었다.

바리새주의를 가장 강력히 대변하는 자들은 솔직하고도 노골적인 태도로 사람들에게 로마 가톨릭교회로 들어오라고 권하지 않는다. 오히려 그는 우리가 믿는 모든 교리에 동의한다.

그는 우리가 믿는 복음주의 교리를 단 한 가지도 부정하지 않고, 그 무엇도 달리 생각해 보라고 권하지 않는다. 그는 단지 우리가 믿는 교리에 무언가를 조금만 더한다면 우리의 기독교 신앙이 완전해질 것이라고 말할 뿐이다. 그는 "나를 믿으세요. 아무것도 포기할 필요가 없습니다. 단지 교회와 성례에 관한 몇 가지 견해들을 받아들이기만 하면 됩니다. 지금 믿고 있는 것에 사역자의 직임, 감독의 권위, 기도서, 의식, 규율에 관한 견해를 더하기만 하면 됩니다. 지금 믿는 신앙 체계에 이런 것들을 조금만 더하면 더욱 나아질 것입니다"라는 식으로 말한다. 만일 누군가가 그런 식으로 말한다면, "주의하라"라는 주님의 말씀을 기억하라. 그것이 우리가 경계해야 할 바리새인의 누룩이다.

내가 이렇게 말하는 이유는 무엇일까? 왜냐하면 바리새주의의 원리를 처음부터 거부하지 않으면 그들의 교훈으로부터 안전할 수 없기 때문이다. "교회에 관한 견해를 약간만 더하면"이라는 말을 받아들인다면, 언젠가 교회가 그리스도의 자리를 차지하게 될 것이다. 그리고 "사역자의 직임에 관한 견해를 약간만 더하면"이라는 말을 받아들인다면, 어느 날 사역자를 '하나님과 인간 사이의 중보자'로 생각하게 될 것이다.

또한 "성례에 관한 견해를 약간만 더하면"이라는 말을 받아들인다면, 어느 날 율법의 행위가 아니라 오직 믿음으로 말미암아 의롭다하심을 받는다는 교리를 포기하게 되고, "기도서를 조금만 존중하면"이라는 말을 받아들인다면, 어느 날 그것을 하나님의 거룩한 말씀보다 더 우위에 놓게 되고, "주교를 조금만 존중하면"이라는 말을 받아들인다면, 어느 날 감독교회에 속하지 않은 사람은 구원받을 수 없다고 말하게 될 것이다.

나는 지난 몇 년 사이에 영국 국교회 신자들 가운데 상당수가 선택한 길에 대해 말하고 있다. 그들은 종교개혁자들에 대해 조금씩 불평을 늘어놓기 시작하더니, 결국 트렌트 종교회의(Council of Trent)의 교리를 받아들이고 말았다. 그들은 로드 대주교와 비충성파를 칭찬하다가 결국 그보다 한 걸음 더 나아가 로마 가톨릭주의를 받아들이고 말았다. 그러므로 우리가 믿는 전통적인 복음주의 신앙에 무엇을 "약간 더하라"라는 말을 듣는다면, 즉시 경계하고 "바리새인의 누룩을 주의하라"라고 하신 주님의 경고를 기억하라.

사두개주의를 가장 강력히 대변하는 자는 진리를 포기하고 자유로운 사상을 추구하는 회의주의자가 되라고 공공연히 권하지 않는다. 그는 우리가 마땅히 견지해야 할 신앙적 입장을 의심하도록 은근히 부추긴다. 그는 우리가 "이것은 진리이고 저것은 거짓이다"라고 적극적으로 말하는 것이 과연 옳은지를 생각해 보라고 말한다. 신앙에 관한 생각이 우리와 다른 사람도 우리 못지않게 옳을 수 있으며, 따라서 아무 근거 없이 그 사람이 잘못되었다고 말하는 것이 과연 바람직한지를 생각해 보라고 말한다. 그는 너그럽지 못한 사람이 되지 않으려면 다른 사람의 견해를 비난해서는 안 된다고 말한다. 그러면서 모호한 논리를 앞세워 하나님은 사랑이시기 때문에 어떤 교리를 고백하든 모두가 구원받게 될 것이라고 암시한다.

그는 뛰어난 사고력과 탁월한 지성을 가진 사람을 우리와 생각이 다르다는 이유로 경시하는 것은 옳지 못하다고 말한다(설령 그런 사람이 이신론자나 회의주의자라 하더라도 그렇게 해서는 안 된다고 주장한다). 또한 "위대한 지성은 모두 하나님에게서 비롯되었다"라고 말한다. 그는 영감설의 난점을 지적하고, 결국 모든 사람이 구원을 받고 하나님 앞에서 옳다 인정받지 않겠느냐고 묻는다. 그는 '구태의연한 견해, 편협한 신학, 편견, 사랑과 관용의 결여'라는 표현을 쓰면서 침착한 태도로 복음 신앙을 비웃으며 자신의 논리를 마무리한다. 누군가가 그런 식으로 말하기 시작한다면, 즉시 경계하라. "사두개인들의 누룩을 주의하라"라고 하신 주님의 경고를 기억하라.

다시 묻는다. 내가 왜 이렇게 말하겠는가? 왜냐하면 바리새주의처럼 사두개주의도 처음부터 그 싹을 자르지 않으면 그들의 교훈으로부터 안전할 수 없기 때문이다. '관용'이라는 모호한 말에 속아 넘어가면, 결국 '보편구원론'(지옥을 부인하고, 악인과 선인이 모두 천국에 간다고 주장하는 견해)을 받아들이게 된다. 인간이 지닌 이해력과 지성을 강조하는 말을 받아들이면, 결국 성령의 사역을 부인하게 되고, 호메로스(Homeros)와 셰익스피어(Shakespeare)도 바울처럼 하나님의 영감을 받았다고 주장하는 지경에 이르고 만다. 그런 태도는 사실상 성경을 부인하는 것과 같다.

또한 "모든 종교는 어느 정도 진리를 포함하고 있다"라는 모호한 말을 받아들이기 시작하면, 결국 선교의 필요성을 부인하고, 모든 사람을 그대로 놔두는 것이 가장 좋은 선교 방법이라고 주장하게 된다. '복음주의 신앙'이 구태의연하고 편협하고 배타적이라는 말을 받아들이기 시작하면, 결국 속죄와 은혜의 필요성과 그리스도의 신성과 같은 기독교의 중요한 교리를 모두 거부하게 된다.

다시 말하지만, 나는 단지 지난 몇 년 동안 많은 사람들이 걸어갔던 길을 간단히 묘사했을 뿐이다. 그들은 뉴턴, 스콧(Scott), 세실, 로메인(Romaine)과 같은 사람들이 주장한 신학을 만족스럽게 여겼으며, 지금은 자유주의 신학자들이 제시한 원리들에서 더 나은 길을 발견했다고 생각하며 즐거워한다. 분명히 말하지만, "사두개인들의 누룩을 주의하라"라는 엄숙한 경고의 말씀에 담겨 있는 교훈을 기억하지 않는 사람의 영혼은 결코 안전할 수 없다.

거짓 교리의 음험한 속성에 주의하라. 아담과 하와가 먹은 열매는 처음에는 매우 먹음직스럽고 탐스럽게 보였다(창 3:6 참고). 거짓 교리도 겉으로는 유해성이 드러나지 않기 때문에 사람들이 두려워하지 않는다. 이는 위조된 동전에 '함량 미달'이라고 찍혀 있지 않은 것과 같다. 거짓 교리도 겉으로 보기에는 진리와 영락없이 똑같다.

거짓 교리는 처음에는 미미하게 시작하는 특성을 띤다. 바로 이 점을 주의해야 한다. 모든 이단이 처음에는 진리에서 약간 벗어난 데서부터 출발한다. 작은 씨앗 한 알이면 오류의 큰 나무가 충분히 자라날 수 있다. 거대한 건축물도 처음에는 작은 돌 하나에서부터 출발하고, 노아와 그의 가족을 홍수에서 구한 거대한 방주도 처음에는 작은 나무 조각 하나에서부터 출발했다. 적은 누룩이 밀가루 반죽 전체를 발효시킨다. 쇠사슬로 된 닻줄에 생긴 작은 결함이 거대한 배를 파선하게 만들어 선원들이 모두 물에 빠져 죽는 결과를 낳는다. 의사의 처방전에 필요한 약이 빠지거나 필요 없는 약이 첨가되면, 나머지 약은 모두 쓸모없어질 뿐만 아니라 독약이 될 수도 있다.

작은 거짓말, 작은 속임수, 작은 눈속임도 용납해서는 안 된다. 거짓 교리를 아무 해도 없는 것처럼 '사소하게' 여겨 우리 자신을 파멸로 몰아넣지 않도록 주의하라. 갈라디아 교인들은 '날과 달과 절기와 해를 삼가 지키는' 일이 전혀 위험하지 않으리라 생각했다(갈 4:10 참고). 그러나 바울은 "내가 너희를 위하여 수고한 것이 헛될까 두려워하노라"(갈 4:11)라고 말했다.

마지막으로, 자신은 조금도 위험하지 않으리라고 착각하지 않도록 주의하라. "우리의 견해는 건전하다. 우리의 발은 굳게 서 있다. 다른 사람들은 다 실족해도 우리는 안전할 것이다"라고 생각해서는 안 된다. 그렇게 생각하다가 나중에 큰 불행을 당한 사람이 한둘이 아니다. 자만심에 사로잡혀 거짓 교리와 유혹을 하찮게 여기며 경계심을 풀고 다가가는 사람들이 많다. 자만심 때문에 위험한 것을 가까이 하다가 결국 영원히 구원을 잃어버린 것처럼 보이는 사람들이 적지 않다. 그들은 강력한 망상에 사로잡혀 거짓을 믿고 말았다.

그들 가운데는 '공동 기도서'를 '성무일과서(Breviary)'로 바꾸고, 동정녀 마리아에게 기도하고, 형상에 대고 머리를 조아리는 사람들이 있다. 또한 교리를 하나씩 내버리고, 어떤 종류의 신앙도 인정하지 않은 채 이신론(理神論)이라는 껍데기를 받아들이는 사람들도 있다. 『천로역정』(The Pilgrim's Progress)에는 "오류의 산의 가장자리는 매우 가팔랐다"라는 대목이 나온다. 이는 매우 적절한 표현이다. 거기에는 "크리스천과 소망 씨가 아래를 내려다보니 몇 사람이 아래로 굴러 떨어져 죽어 너부러져 있었다"라고 적혀 있다. "누룩을 주의하라"라는 경고의 말씀을 절대 잊어서는 안 된다. 누구든지 섰다고 생각하는 자는 넘어질까 조심해야 한다(고전 10:12 참고).

바리새인과 사두개인들의 누룩에 대한 방어책

"바리새인과 사두개인들의 누룩"처럼 오늘날 우리를 위협하는 것들로부터 우리를 안전하게 지키려면 어떻게 해야 할까? 거짓 교리의 독을 소용 없게 할 해독제는 무엇일까?

우리의 마음속에서 우리를 인도하고 가르치고 건전한 믿음을 갖도록 도와주시는 성령의 사역이 그 어느 때보다 더욱 절실히 필요하다. 경각심을 한층 더 돋우고, 실족하지 않도록 보호해 달라고 더욱 간절히 기도해야 한다.

이 밖에도 요즘 같은 시대에 우리가 특히 명심해야 할 위대한 진리들이 몇 가지 있다. 전염병이 유행할 때에는 항상 효능을 발휘해 온 치료약이 특히 더 필요한 법이다. 어느 지역에 학질이 발생했다면, 다른 모든 곳에서 효능을 발휘한 학질 치료약을 복용해야 한다. 마찬가지로, 그리스도의 교회도 특히 몇 가지 중요한 진리들을 굳게 붙잡아야 할 때가 있다. 그런 때는 중요한 진리들을 평소보다 더욱 단단히 붙들고, 가슴에 꼭 품어 절대 놓지 말아야 한다.

이제부터 나는 바리새인과 사두개인들의 누룩을 해결할 수 있는 위대한 진리들을 하나씩 언급하려 한다. 사울과 요나단이 궁사가 쏜 화살에 맞아 죽었을 때 다윗은 이스라엘 자손에게 활을 쏘는 법을 배우라고 명령하였다.

인간의 타락한 본성

건전한 신앙을 지니려면, 인간의 본성이 전적으로 타락했다는 진리를 굳게 붙잡아야 한다. 인간의 부패한 본성을 무시해서는 안 된다. 인간은 일부나 겉만 부패한 것이 아니라 의지와 지성과 감정과 양심이 모두 철저히 부패했다. 우리는 하나님께서 보시기에 단지 가엾고 불쌍한 죄인이 아니라 심판받을 수밖에 없는 큰 죄를 지은 죄인이다. 우리는 하나님의 진노와 형벌을 받아 마땅하다. 거짓 교리나 오류는 언제나 대부분 본성의 부패를 잘못 생각하는 견해에서부터 시작된다. 질병을 올바로 진단하지 못하면 치유책도 잘못될 수밖에 없는 것처럼, 본성의 부패를 잘못 이해하면 그것을 치유하는 방법도 잘못될 수밖에 없다.

성경 영감설

성경의 권위와 영감에 관한 교리를 굳게 붙잡아야 한다. 성경이 성령의 영감으로 기록되었다는 사실을 부인하는 사람들 앞에서 성경의 일부만이 아니라 성경 전체가 성령의 영감으로 기록되었고, 성경과 세상의 다른 책들은 질적으로 차이가 있다고 담대히 말해야 한다. 완전 영감설에 뒤따르는 어려움을 두려워할 필요가 없다. 우리가 이해하기 힘든 것들이 많다. 예를 들어, 기적을 생각해 보라. 기적은 우리의 이해를 초월한다. 그러하기에 설명할 수 있을 때까지 아무것도 믿지 않겠다고 한다면, 우리가 믿을 수 있는 것은 거의 아무것도 없다.

성경에 대한 공격과 비판을 두려워할 필요가 없다. 사도 시대부터 하나님의 말씀은 끊임없이 시련을 당했지만, 조금도 더럽혀지거나 손상되지 않고 정금과 같은 순수함을 유지해 왔다. 과학의 발전도 두려워할 필요가 없다. 천문학자들이 망원경으로 하늘을 관찰하고, 지질학자들이 지구 내부를 파헤치더라도 결코 성경의 권위를 뒤흔들 수는 없다. "하나님의 음성과 그분의 손으로 이루신 일은 결코 서로 모순되지 않는다." 탐험가들의 발견을 두려워할 필요도 없다. 그들은 하나님의 말씀에 모순되는 것을 아무것도 발견하지 못한다. 레어드(Layard, 영국의 고고학자)와 같은 사람이 온 세상을 뒤져 수백 개의 니느웨를 발굴한다고 해도, 성경에 기록된 사실을 의심할 만한 증거를 단 한 가지도 찾지 못할 것이다.

아울러 우리는 하나님의 말씀이 신앙과 실천의 유일한 규칙이라는 진리를 굳게 붙잡아야 한다. 성경에 기록되지 않은 것은 무엇이든 구원에 필요한 것이라고 주장해서는 안 된다. 새로운 교리가 아무리 그럴듯하더라도, 성경에 기록된 바가 아니면 관심을 기울일 가치가 없다. 감독이든 부감독이든, 주임사제든 장로든, 누가 말했느냐 하는 것은 결코 중요하지 않다.

또 화려하고 강력하고 매혹적인 말솜씨로 우리를 웃음거리로 만든다고 해도 전혀 신경 쓸 필요가 없다. 하나님의 말씀이 인정하지 않는 말은 무엇이든 절대 믿어서는 안 된다.

마지막으로, 우리는 성경을 살아 있는 말씀으로 받아들여야 한다. 성경을 대할 때는 지극히 공손해야 한다. 성경을 읽을 때는 마치 아버지가 집을 떠나면서 당부하시는 말씀을 듣는 것처럼 복종하는 태도로 읽어야 한다. 성령의 영감으로 기록된 성경에는 많은 비밀이 감춰져 있다. 성경에는 우리가 이해할 수 없는 일들이 많다. 자연이라는 책에도 이해할 수 없는 것이 많은데, 하물며 계시의 책에는 얼마나 더 많겠는가?

오래전에 베이컨(Bacon)은 경건한 정신을 지니라고 권고하였다. 하나님의 말씀 앞에 설 때야말로 그런 정신이 필요하다. 그는 자연이라는 책에 관해 "인간은 이 책의 주인이 아니라 해석자라는 사실을 잊지 말라"라고 권고했다. 자연이라는 책을 다룰 때처럼, 하나님의 말씀을 다룰 때도 그런 태도가 필요하다. 가르치기 위해서가 아니라 배우기 위해서 성경을 읽어야 한다. 성경의 주인이 아니라 겸손한 학생이 되어 성경을 이해하려고 노력해야 한다.

예수 그리스도의 속죄와 제사장적 직임

우리 주 예수 그리스도의 속죄와 제사장적 직임을 굳게 붙잡아야 한다. 우리는 주님께서 십자가에서 당하신 죽음이 결코 평범한 죽음이 아니라고 담대히 외쳐야 한다. 예수님의 죽음은 크랜머, 리들리, 래티머와 같은 순교자들의 죽음과도 다르다. 그분의 죽음은 자기희생과 자기 부정의 본을 보이기 위한 죽음과는 근본적으로 다르다. 그리스도의 죽음은 인간의 죄와 허물을 속량하기 위해 자신의 몸과 피를 하나님께 제물로 바친 죽음이다. 그리스도의 죽음은 속죄를 위한 희생, 곧 모세의 율법에 기록된 모든 제사의 원형이자 인류에게 가장 강력한 영향을 미친 희생이다. 피 흘림이 없으면 죄 사함도 없다.

또한 우리는 십자가에 못 박히신 주님이 하나님의 오른편에 앉아 자신이 그분 앞으로 인도한 모든 사람들을 위해 중보 기도를 드리신다고 담대히 외쳐야 한다. 그리스도께서는 그곳에서 자기를 믿는 모든 사람들을 대신해 간절히 호소하신다. 그리스도께서는 대제사장이자 중보자로서의 직임을 세상의 어느 개인이나 집단에게 위임하시지 않는다. 따라서 오직 중보자이신 예수 그리스도 외에는 동정녀 마리아나 천사나 성인이나 성직자나 일반 신자가 하나님과 우리 사이에 개입할 수 없다.

또한 우리는 사제에게 죄를 고백하고 사면을 받아 양심의 자유를 누리는 것이 아니라고 담대히 주장해야 한다. 인간이 아니라 오직 위대한 대제사장이신 예수 그리스도 앞에 나아가 죄를 고백해야만 양심의 자유를 누릴 수 있다. 오직 그리스도만이 죄를 사하실 수 있다. "네가 죄 사함을 받았으니 평안히 가라"라고 말씀하실 수 있는 분은 오직 예수님뿐이시다.

마지막으로, 우리는 그리스도를 믿는 믿음을 통해 얻은 하나님과의 화평이 주 예수 그리스도를 바라보는 믿음을 통해 유지된다고 담대히 외쳐야 한다. 그 화평은 날마다 성찬식을 거행하고 형식상의 예배를 드림으로써 유지되는 것이 아니다. 우리는 믿음으로 그리스도의 몸을 먹고, 믿음으로 그분의 피를 마셔야 한다. 주님의 말씀대로, 성찬의 떡과 포도주를 먹고 마시는 자는 그분의 몸을 먹고 피를 마시는 것과 다름없다.

일찍이 경건한 존 오웬(John Owen)은, "사탄이 가장 힘써 무너뜨리려고 하는 것이 있다면, 바로 주 예수 그리스도의 제사장적 직임이다"라고 말했다. 그가 지적한 대로, 사탄은 그것이 '교회의 위로이자 믿음의 가장 중요한 토대'라는 사실을 잘 알고 있다. 그러므로 오늘날에도 오류를 범하지 않으려면, 무엇보다도 그리스도의 제사장적 직임을 올바로 이해해야 한다.

성령의 사역

꼭 언급해야 할 진리가 하나 더 있다. 우리는 성령의 사역에 주의를 기울여야 한다. 우리의 마음속에서 이루어지는 성령의 역사는 비록 보이지 않지만, 그 성령의 역사는 확실하며, 우리가 느끼거나 관찰할 수도 있다. 이슬이 내리는 것을 느낄 수 있고, 사람이 살아 있는 것을 호흡으로 알 수 있는 것과 같다. 성령을 받은 사람은 삶 가운데 성령의 열매(경험적인 결과)를 맺기 마련이다. 성령께서 역사하시면, 새 창조가 이루어져 새 사람으로 변한다. 성령께서 역사하시면, 새로운 지식과 신앙이 생겨나고 거룩하게 되어, 삶과 가정과 세상과 교회 안에 새로운 열매가 맺힌다. 새로운 변화가 관찰되지 않는다면, 성령께서 역사하시지 않은 것이라고 자신 있게 말할 수 있다.

특히 우리 모두가 경각심을 일깨워 성령의 사역에 관한 교리를 굳게 지켜야 할 때가 있다. 일찍이 마담 귀용(Madame Guyon)은 장차 성령의 사역을 위해 순교당하는 때가 올 것이라고 말했다. 그때가 그리 멀지 않은 듯하다. 기독교 교리 가운데 가장 소홀히 취급받는 교리가 있다면, 바로 성령의 사역에 관한 교리일 것이다.

이 글을 읽는 모든 사람들이 이 네 가지 교리, 즉 인간의 타락한 본성, 성경 영감설, 예수 그리스도의 속죄와 제사장적 직임, 성령의 사역 교리의 중요성을 마음에 깊이 새기기를 바란다. 이 네 가지 교리를 굳게 붙잡는 사람에게는 교회와 사역, 성례, 하나님의 사랑, 그리스도의 죽음, 영원한 형벌을 잘못 가르치는 거짓 교리가 영향을 미치지 못할 것이다. 나는 이 네 가지 교리가 '바리새인과 사두개인들의 누룩'으로부터 우리를 안전하게 지켜 줄 것이라고 확신한다.

적용

이제 몇 가지 실천적인 적용을 살펴보면서 모든 논의를 마무리하겠다. 이 글을 읽는 사람들이 지금까지 말한 내용에서 실질적인 유익을 얻기를 바라며, 몇 가지 예상되는 질문들에 대한 대답을 제시하고자 한다. 우리가 해야 할 일은 무엇인가? 이 시대에 우리에게 필요한 조언은 무엇인가?

개인의 구원 신앙을 점검하라

먼저 나는 이 글을 읽는 독자들에게 개인적으로 구원 신앙을 가지고 있는지를 살펴보라고 권하고 싶다. 그리스도께 속해 있지 않다면, 아무리 건전한 교회를 다닌다고 하더라도 아무런 유익이 없다. 머리로 아는 신앙과 교리가 아무리 건전하다 해도 마음이 건전하지 않으면 아무 소용 없다. 혹시 자신이 그렇지는 않은가? 자신의 마음이 하나님 보시기에 옳다고 자신할 수 있는가? 마음이 성령으로 새롭게 되었는가? 그리스도께서 마음에 거하시는가? 이런 질문들에 만족스럽게 대답할 수 있을 때까지 결코 안심하지 말라. 회개하지 않고 죽은 사람은 생각이 아무리 건전하다 하더라도 악한 바리새인이나 사두개인처럼 영원히 멸망할 수밖에 없다.

부지런히 성경을 배우라

건전한 믿음을 갖고 싶다면 부지런히 성경을 배우라. 복된 성경은 우리의 발과 우리의 길을 밝히 비추는 등불이다. 공손하고도 겸손한 태도로 기도하며 규칙적으로 성경을 읽는 사람은 천국에 이르는 길을 절대 잃어버리지 않을 것이다. 우리는 모든 설교와 신앙 서적과 사역의 진실성을 성경으로 판단하고 시험해야 한다.

무엇이 진리인지 알고 싶은가? 곳곳에서 벌어지는 신앙에 관한 논쟁 때문에 혼란스럽고 어지러운가? 무엇을 믿고 어떻게 행동하고 어떤 사람이 되어야 구원을 받을 수 있는지 궁금한가? 사람들의 말에 귀를 기울이기보다 직접 성경을 펼치라. 진심으로 성령의 가르침을 구하며 성경을 읽고, 그 교훈을 굳게 지키겠다고 다짐하라. 꾸준히 인내하면서 계속 그렇게 한다면 조만간 빛을 발견하게 될 것이다. 그리고 그 빛이 바리새인과 사두개인들의 누룩으로부터 당신을 보호해 영원한 삶으로 인도해 줄 것이다. 무엇인가를 원한다면, 행동해야 한다. 지체하지 말고 이 권고를 받아들여 실천에 옮기라.

진리의 균형과 조화에 관심을 기울이라

건전한 마음과 믿음을 원한다면, 진리의 균형과 조화에 관심을 기울이라. 기독교의 여러 가지 진리들을 성경이 정하는 순서대로 조화롭게 마음속에 간직하는 것이 무엇보다 중요하다. 가장 중요한 진리가 이차적인 진리의 자리에 서고, 이차적인 진리가 가장 중요한 진리의 자리에 서서는 안 된다. 즉, 교회가 그리스도보다 앞서거나 성례가 믿음이나 성령의 사역보다 앞서서는 안 된다. 사역자들이 그리스도께서 정해 주신 위치보다 더 높은 위치에 서려고 해서도 안 되며, 은혜의 수단이 목적이 되어서도 안 된다. 이 점을 반드시 기억하라. 이를 소홀히 하는 데서 비롯되는 잘못은 결코 적지도, 작지도 않다.

하나님의 말씀을 하나도 빼놓지 말고 읽으라. 한 가지 내용에만 치우쳐 다른 내용을 무시해서도 안 된다. 기독교의 진리 체계를 마음에 확실하게 새기는 것은 참으로 중요하다. 영국 국교회의 모든 신자들이 '39개 신앙조항(Thirty-Nine Articles)'을 읽고, 마땅히 믿어야 할 중요한 진리를 순서대로 조화롭게 나열하여 주의한다면, 국교회의 미래는 무척 밝을 것이다.

거짓 교리에 현혹되지 말라

그리스도를 섬기는 신자들이여, 진심으로 권하건대 그럴듯한 겉모습으로 위장하고서 종종 우리의 영혼을 넘보는 거짓 교리에 현혹되지 말라. 어떤 신앙 교사의 견해가 다소 건전하지 못하더라도 그가 많은 진리를 가르친다면 그를 신뢰해야 한다고 생각하는 사람들이 있다. 그래서는 안 된다. 그런 교사야말로 우리의 영혼을 해롭게 만들 사람임이 틀림없다. 독은 적은 양을 음식에 섞어 넣더라도 가장 치명적인 효력을 발휘한다. 거짓 교리를 가르치는 교사와 옹호자들은 대부분 겉으로는 매우 진지하게 보인다. 그런 태도에 속지 않도록 주의하라. 진지하고 열정적이라는 사실이 그 사람이 진정으로 그리스도를 위해 일한다거나 신뢰할 만한 사람이라는 증거가 될 수는 없다.

베드로는 주님께 목숨을 버리려고 하지 말고 십자가의 죽음을 피하라고 열심히 만류했다. 그러나 주님은 베드로에게 "사탄아, 내 뒤로 물러가라"(마 16:23; 막 8:33)라고 말씀하셨다. 사울도 열정을 다해 이곳저곳에 달려가 신자들을 박해했다. 그러나 그의 열정과 행동은 지식에서 나온 것이 아니라 무지에서 비롯된 것이었다. 스페인 종교재판소를 만든 사람들의 열정도 뜨거웠다. 그들은 하나님을 섬기는 일이라고 생각해 신자들을 산 채로 불태워 죽였다. 그러나 그들의 행위는 가인의 전철을 밟아 신자들을 박해하는 것이었을 뿐이다.

사탄이 광명의 천사로 가장하는 것은 참으로 소름끼치는 현실이 아닐 수 없다(고후 11:14 참고). 이 말세에 곳곳에 만연한 속임수 중에 '신앙의 열정을 가진 사람은 훌륭한 사람이다'라는 생각보다 더 큰 속임수는 없다. 이런 속임수에 현혹되지 않도록 조심하라. '열정을 가진 사람'에게 미혹되지 않도록 주의하라. 열정 자체는 좋은 것이지만, 그리스도와 그분의 진리를 위한 열정이 아니면 아무 가치가 없다. 사람들이 보기에는 훌륭해도 하나님께서 보시기에는 가증스런 경우도 종종 있다.

자신의 마음 상태를 신중히 성찰하라

그리스도의 참된 종들은 하나님 앞에서 자신의 마음 상태를 신중히 성찰하는 일을 게을리 해서는 안 된다. 마음을 성찰하는 것은 항상 많은 유익을 가져다준다. 특히 요즘과 같은 상황에서는 더욱 그렇다. 런던에 널리 퍼진 전염병이 절정에 달했을 때, 사람들은 전에는 절대 의식하지 않았을 작은 징후에도 깊은 관심을 갖기 시작했다. 가족들이 하나 둘씩 죽어 나가자, 사람들은 건강할 때는 별로 신경 쓰지 않던 몸 이곳저곳의 작은 점까지도 세심히 주의를 기울였다. 우리가 살고 있는 이 시대에도 우리 자신에게 그런 주의를 기울여야 한다. 경각심을 두 배로 곤두세우고 우리의 마음을 살펴야 한다. 묵상과 자아 성찰과 반성을 위한 시간을 더 많이 가져야 한다. 오늘날 우리는 몹시 혼잡하고 분주한 시대에 살고 있다. 그 속에서 실족하지 않으려면 하나님과 홀로 있는 시간을 자주 가져야 한다.

믿음의 도를 힘써 옹호하라

마지막으로, 참된 신자는 성도에게 단번에 주신 믿음의 도를 힘써 옹호해야 한다. 믿음을 부끄러워할 이유가 없다. 잠자는 사람들을 깨우고 구도자들을 올바로 인도하며 성도들의 덕을 세우는 데 복음주의 기독교라고 불리는 신앙 체계만큼 적합한 것은 없다. 복음주의 신앙을 충실히 전파하고, 효과적으로 실행하며, 그 신앙의 가치를 신자들의 삶을 통해 지속적으로 드러내야 한다. 그리하면 하나님의 강력한 능력이 나타날 것이다.

복음주의 신앙을 비판하고 조롱하는 사람들이 얼마든지 있을 수 있다. 사도들의 시대에도 그랬다. 그러나 복음주의 신앙을 믿는 신자들 가운데 대부분이 비록 그 믿음을 미약하게 드러내고 힘껏 옹호하지 못한다 할지라도, 그로 인한 결과와 열매는 상상을 초월할 것이다. 어떤 신앙 체계도 그런 결과를 낳을 수는 없다. 예수 그리스도의 복음이 바리새인과 사두개인들의 누룩에 오염되지 않고 온전하게 전파되는 곳만큼 많은 영혼들이 하나님께로 돌아오는 역사가 일어나는 곳은 없다.

우리가 부르심을 받은 목적이 논쟁을 일삼는 자가 되라는 것은 아니다. 그렇다고 해서 예수님 안에 나타난 진리를 증언하는 일을 부끄러워하거나 복음주의 신앙을 담대히 전하는 일을 주저해서는 안 된다. 장차 심판의 날이 되면, 누가 옳은지가 확연히 드러날 것이다. 그날이 올 때까지 우리는 복음주의 신앙을 담대히 외쳐야 한다.

5. Divers And Strange Doctrines

Be not carried about with divers and strange doctrines.
For it is a good thing that the heart be established
with grace; not with meats, which have not
profited them that have been occupied therein.
(Hebrews 13:9)

Chapter 5
여러 가지 다른 교훈

"여러 가지 다른 교훈에 끌리지 말라.
마음은 은혜로써 굳게 함이 아름답고 음식으로써 할 것이 아니니
음식으로 말미암아 행한 자는 유익을 얻지 못하였느니라"
(히 13:9).

히브리서 13장 9절은 잘못된 교훈을 경계하라는 사도의 가르침이다. 이 가르침은 사도가 히브리교회의 신자들에게 당부한 경고들 가운데 하나이다. 오늘날에도 800년 전과 똑같이 이 경고가 필요하다. 사역자들은 항상 "여러 가지 다른 교훈에 끌리지 말라"라고 크게 외쳐야 한다.

인류의 원수인 마귀가 사람들의 영혼을 파멸시킬 목적으로

사용하는 술책 가운데 가장 교활한 것이 바로 거짓 교리를 퍼뜨리는 것이다. '처음부터 살인한 자요 거짓말쟁이'(요 8:44 참고)인 마귀는 잠시도 쉬지 않고 세상 이곳저곳을 두루 다니며 삼킬 자를 찾는다(벧전 5:8 참고).

교회 밖에서 마귀는 사람들을 유혹하여 야만적인 관습과 파괴적인 미신에 치우치게 한다. 우상에게 사람을 제물로 바치는 일(가증스런 우상을 섬기는 이런 관습은 참으로 잔인하고 역겹고 혐오스럽다), 박해, 노예 제도, 식인 습관, 아동 살해, 황폐한 종교 전쟁 등은 모두 사탄이 만들어 낸 일이자 그의 유혹이 빚은 결과물이다. 해적처럼 사탄의 목적도 '태우고 파괴하고 침몰시키는' 것이다.

한편 교회 내에서 사탄은 이단 사상과 오류를 퍼뜨리고, 믿음을 저버리도록 유도한다. 사탄은 생명의 원천에서 생명수가 흘러나오는 것을 막을 수는 없지만, 온 힘을 다해 그것을 오염시키려고 노력한다. 그는 복음의 치유하는 능력을 없앨 수는 없지만, 어떻게 해서든 복음을 혼잡하게 만들어 그 효력을 약화시키려고 애쓴다. 사탄이 "파괴자 아볼루온(아바돈)"(계 9:11 참고)이라고 불리는 것은 조금도 놀랍지 않다.

교회의 보혜사이신 성령께서는 항상 한 가지 위대한 수단을 사용해 사탄의 책략을 물리치신다. 그 수단은 바로 하나님의 말씀이다. 말씀은 마귀를 대적하고 당황하게 만들기 위해 선택된 무기이다. 말씀을 해설하고 설명하며 밝히 드러내 머리로 그 의미를 확실하게 이해하고, 마음에 분명하게 적용하는 것이 우리에게 허락된 무기이다. 주 예수님께서도 시험을 받으실 때 말씀의 칼을 휘두르셨다. 그분은 사탄이 공격해 올 때마다 "성경에 기록되었으되"라고 대답하셨다. 오늘날 그리스도의 사역자들도 마귀를 효과적으로 물리치기 위해서는 말씀의 칼을 사용해야 한다. 그리스도의 교회를 안전하게 지킬 수 있는 방법은 성경을 충실하게 전하는 것이다.

모두가 이 교훈을 가슴에 새기고, 히브리서 13장 9절 말씀에 주의를 기울이기를 바란다. 우리는 교리와 신조를 싫어하고, 논쟁적인 신학을 혐오하는 시대에 살고 있다. 오늘날, 어떤 교리에 대해서는 '사실'이라고 말하고 어떤 교리에 대해서는 '거짓'이라고 말하려면, 편협하고 너그럽지 못하다는 비난을 감당할 각오를 해야 한다. 그런 사람은 사람들의 칭찬을 기대해서는 안 된다. 그러나 성경은 아무 이유 없이 기록되지 않았다. 우리는 히브리서 저자의 말에 담긴 강력한 교훈에 귀를 기울여야 한다. 이 교훈은 히브리교회의 신자들만이 아니라 우리를 위한 것이기도 하다.

히브리서 13장 9절은 "여러 가지 다른 교훈에 끌리지 말라"라고 경고하고, "마음은 은혜로써 굳게 함이 아름답고 음식으로써 할 것이 아니니"라는 귀한 처방책을 제시한다. 그리고 나서는 "음식으로 말미암아 행한 자는 유익을 얻지 못하였느니라"라는 교훈적인 사실을 제시한다.

이제부터 이 요점들을 하나씩 자세히 살펴보자. 이 진리를 끈기 있게 파헤친다면, 그 안에서 귀한 보물을 발견하게 될 것이다.

여러 가지 다른 교훈에 끌리지 말라

이 말씀의 의미를 이해하기는 그리 어렵지 않다. 사도의 말에는 다음과 같은 뜻이 담겨 있다. "잘못된 가르침이 거센 바람처럼 몰아닥칠 때마다 키나 나침반이 없는 배처럼 이리저리 흔들리지 말라. 거짓 교리는 세상이 존재하는 한 계속 나타날 것이다. 거짓 교리는 종류도 많고 세부 내용도 미묘하게 다르지만, 한 가지는 항상 공통적이다. 즉, 그것은 언제나 그리스도의 복음에서 떠난, 낯설고도 새로우며 이상한 교리이다. 거짓 교리는 지금도 존재한다. 거짓 교리는 유형 교회 안에서 항상 발견된다. 이 사실을 기억하라. 그리하면 거짓 교리에 끌리지 않을 것이다." 이것이 바로 사도의 경고이다.

사도만 그렇게 경고한 것이 아니다. 예수님은 산상설교를 하시면서 "거짓 선지자들을 삼가라. 양의 옷을 입고 너희에게 나아오나 속에는 노략질하는 이리라"(마 7:15)라고 엄히 경고하셨다. 바울도 에베소교회의 장로들에게 고별 강화를 하면서 성례에 관해서는 가르칠 시간이 없더라도 거짓 교리를 경계하라는 경고의 말을 당부하는 것은 잊지 않았다.

"여러분 중에서도 제자들을 끌어 자기를 따르게 하려고 어그러진 말을 하는 사람들이 일어날 줄을 내가 아노라"(행 20:30).

"뱀이 그 간계로 하와를 미혹한 것같이 너희 마음이 그리스도를 향하는 진실함과 깨끗함에서 떠나 부패할까 두려워하노라"(고후 11:3).

바울의 경고는 갈라디아서를 비롯해 여러 서신에서도 계속된다.

"그리스도의 은혜로 너희를 부르신 이를 이같이 속히 떠나 다른 복음을 따르는 것을 내가 이상하게 여기노라"(갈 1:6).

"어리석도다 갈라디아 사람들아, 예수 그리스도께서 십자가에 못 박히신 것이 너희 눈앞에 밝히 보이거늘 누가 너희를 꾀더냐……너희가 이같이 어리석으냐. 성령으로 시작하였다가 이제는 육체로 마치겠느냐"(갈 3:1,3).

"어찌하여 다시 약하고 천박한 초등학문으로 돌아가서 다시 그들에게 종노릇하려 하느냐. 너희가 날과 달과 절기와 해를 삼가 지키니 내가 너희를 위하여 수고한 것이 헛될까 두려워하노라"(갈 4:9-11).

"그리스도께서 우리를 자유롭게 하려고 자유를 주셨으니 그러므로 굳건하게 서서 다시는 종의 멍에를 메지 말라"(갈 5:1).

"우리가 이제부터 어린아이가 되지 아니하여……온갖 교훈의 풍조에 밀려 요동하지 않게 하려 함이라"(엡 4:14).

"누가 철학과 헛된 속임수로 너희를 사로잡을까 주의하라. 이것은 사람의 전통과 세상의 초등학문을 따름이요 그리스도를 따름이 아니니라"(골 2:8).

"성령이 밝히 말씀하시기를 후일에 어떤 사람들이 믿음에서 떠나 미혹하는 영과 귀신의 가르침을 따르리라 하셨으니"(딤전 4:1).

베드로후서와 요한일서와 유다서에서도 이렇게 말한다.

"너희 중에도 거짓 선생들이 있으리라. 그들은 멸망하게 할 이단을 가만히 끌어들여"(벧후 2:1).

"영을 다 믿지 말고 오직 영들이 하나님께 속하였나 분별하라. 많은 거짓 선지자가 세상에 나왔음이라"(요일 4:1).

"성도에게 단번에 주신 믿음의 도를 위하여 힘써 싸우라……이는 가만히 들어온 사람 몇이 있음이라"(유 1:3,4).

이런 경고의 말씀에 유념해야 한다. 이 말씀들은 우리를 깨우치고자 기록되었다.

우리는 이런 말씀들을 어떻게 이해해야 할까? 다른 사람들이 이 말씀들을 어떻게 이해하는지는 잘 모른다. 나는 다만 내가 이해한 대로 말할 뿐이다. 어떤 사람들은 초대 교회처럼 순결하고 완벽한 교회에서 그런 일들이 일어났다는 것을 터무니없게 여기지만, 사도 시대에도 교리와 실천에 관한 많은 오류가 있었던 것이 분명하다.

사역자가 논쟁적인 주제를 다루거나 잘못된 견해를 주의하라고 경고해서는 안 된다고 생각하는 것은 어리석고 부당하다. 우리는 신약성경 말씀을 조금도 소홀히 해서는 안 된다. 짖지 않는 개와 잠에 취한 목자는 늑대와 강도와 도둑의 가장 친한 친구이다. "네가 이것으로 형제를 깨우치면 그리스도 예수의 좋은 일꾼이 되어 믿음의 말씀과 네가 따르는 좋은 교훈으로 양육을 받으리라"(딤전 4:6)라는 바울의 말은 아무 의미없이 주어진 것이 아니다.

거짓 교리를 주의하라는 경고는 오늘날의 영국에 특히 필요하다. 고대 시대에 모든 해악의 근원지가 되었던 바리새파와 사두개파가 지금도 여전히 활개를 치고 있다. 진리를 더하고 빼는 행위, 곧 다른 것을 더해 진리를 혼란스럽게 하거나 진리의 일부를 빼고 잘라 내는 행위는 엄연한 잘못이다. 전자는 미신을 조장하고, 후자는 불신앙을 조장한다. 로마 교황주의와 의식주의는 맷돌의 윗돌이 되고, 자유주의에 근거한 신(新)교리와 합리주의는 아랫돌이 되어 그 사이에 복음을 집어넣고 갈아 뭉개고 있다.

목회자들은 기독교의 핵심 교리에 관해 성경과는 다른 견해를 피력하고 있다. 이 말세에 영국의 일부 목회자들은 그리스도의 속죄와 신성, 성경 영감설, 기적, 영원한 내세의 형벌, 교회, 사역자의 직임, 성례, 참회, 동정녀 숭배, 죽은 사람을 위한 기도 등에 대해 참으로 가공스런 가르침을 베풀고 있다. 온갖 오류가 설교와 인쇄 매체와 글과 말의 형태로 온 나라를 홍수처럼 휩쓸고 있다. 이런 현실을 무시하는 것은 위선이나 다를 바 없다. 사실이 그런데 그렇지 않은 것처럼 행동하는 것은 잘못이다. 오늘날의 위기는 부인할 수 없는 현실이요 사실이다. 따라서 "여러 가지 다른 교훈에 끌리지 말라"(히 13:9)라는 경고가 지금보다 더 절실한 때도 없을 것이다.

요즘에는 여러 가지 요인들이 함께 작용해 거짓 교리의 침투를 더욱 위험하게 만들고 있다. 거짓 교리를 가르치는 교사들 중에는 뜨거운 열정을 가진 이들이 더러 있다. 그들의 진지한 태도를 보고서 그들을 옳게 여기는 사람들이 많다. 또한 신학에 대한 지식과 학문이 높은 것도 그럴듯한 효과를 만들어 낸다. 똑똑하고 지적인 사람들은 틀림없이 안전한 인도자일 것이라고 생각하기 때문이다. 말세가 되면서 자유로운 사고와 탐구 정신이 확산된 것도 문제의 심각성을 증폭시키는 요인이다. 사람들은 새로운 것들을 믿음으로써 자신의 독자적인 판단이 옳다는 것을 증명하고 싶어한다. 관대하고 너그러운 정신을 소유한 것처럼 보이고 싶어하는 태도도 하나의 원인이다. 많은 사람들이 다른 사람의 생각이 잘못되었다고 말하는 것을 부끄럽게 여긴다.

오늘날의 거짓 교사들은 반쪽뿐인 진리를 전하는 데 열심이다. 대중은 좀 더 감각적이고 의식적이며 현란하고, 겉으로 보기에 그럴듯한 예배에 병적으로 집착한다. 요즘 사람들은 마음속에서 보이지 않게 이루어지는 사역에는 별로 관심이 없다.

어리석게도 사람들은 사탄이 '광명의 천사'(고후 11:14)로 가장한다는 사실을 잊고, 단지 기지가 넘치고 부드럽고 진지해 보이는 사람을 무조건 신뢰하는 경향이 있다. 신자들 가운데 이런 어리석은 태도가 널리 퍼져 있다. 요즘 신자들은 논리만 그럴듯하면 이단 사상이라도 쉽게 믿고, 오히려 이단 사상을 전하는 사람을 의심하는 사람을 편협한 박해자로 몰아세우기를 좋아한다.

이 모든 것이 우리 시대의 독특한 징후이다. 누구든지 이런 현실을 부정한다면, 나는 그를 용납하지 않을 것이다. 지금까지 말한 요인들은 우리 시대에 이루어지는 거짓 교리의 공격을 특히 더 위험하게 만든다. 따라서 우리는 "여러 가지 다른 교훈에 끌리지 말라"(히 13:9)라는 경고를 그 어느 때보다도 더 크게 외쳐야 한다.

누군가가 나에게 "거짓 교리를 막는 가장 안전한 수단은 무엇입니까?"라고 묻는다면, 나는 한마디로 "성경입니다. 정기적으로 기도하며 성경을 읽고 배우십시오"라고 대답할 것이다. "성경을 연구하라"(요 5:39 참고)라고 하신 주님의 처방책으로 돌아가야 한다. 사탄의 책략을 물리칠 수 있는 무기를 원한다면, "성령의 검 곧 하나님의 말씀"(엡 6:17)보다 더 좋은 것이 없다. 그리고 그 검을 효과적으로 휘두르려면, 기도하면서 성경을 부지런히 읽고 배우는 습관을 길러야 한다.

그런데 안타깝게도 이것을 소홀히 하는 사람들이 많다. 사람들은 대부분 분주하고 바쁘게 살아가는 탓에 성경을 필요한 만큼 읽지 못한다. 또는 다른 책들은 전보다 더 많이 읽으면서도 정작 구원에 이르는 지혜를 제공하는 성경은 덜 읽는다. 지난 50년 동안 사람들이 성경을 좀 더 깊이 알고 있었더라면, 로마 교황주의와 합리주의에 기반을 둔 신(新)교리가 교회에 그렇게 큰 해악을 끼치지는 못했을 것이다. 성경을 읽는 평신도야말로 교회의 힘이 아닐 수 없다.

성경을 연구하라. 주 예수 그리스도와 사도들은 구약성경을 신약성경과 똑같은 권위를 지닌 말씀으로 받아들였다. 그들은 구약성경을 하나님의 음성으로 알고 인용했으며, 글자 하나하나가 모두 성령의 영감으로 기록되었다고 믿었다. 신약성경은 구약성경에 기록된 기적들을 의심할 여지가 없는 사실로 인정했다. 모세 오경에 기록된 중요한 사건들을 모두 논쟁할 여지가 없는 역사적 현실로 다루었다. 속죄와 대속과 희생의 개념은 계시된 핵심 교리로서 처음부터 끝까지 성경을 관통하고 있다. 기적 중의 기적인 그리스도의 부활이 많은 증거를 통해 증명되었다. 그리스도의 부활을 믿지 않는 것은 확실한 증거를 거부하는 것이나 다름없다.

이런 사실을 기억한다면, 합리주의자가 되기는 매우 어려울 것이다. 사실 믿지 않는 것이 더 어렵다. 불신자가 되는 것은 매우 어리석은 일이다. 현대 비평주의의 영향 아래 성경을 제멋대로 다루는 자유주의신학은 멋지고도 거창한 표현을 사용해 일부 사람들을 기쁘게 하고 있다. 자유주의신학은 언뜻 생각하면 매우 고상해 보이지만, 그 이면을 들여다보면 지나친 합리주의나 무신론과 아무 차이가 없다.

성경을 연구하라. 잘 알다시피, 신약성경은 이른바 성사(聖事) 체계와 의식신학을 중시하지 않는다. 신약성경에서 세례의 효과를 언급하는 말씀은 거의 없다. 사도들의 서신은 성만찬을 자주 언급하지 않는다. 신약 시대의 사역자들을 희생을 관장하는 사제로 간주하거나 성만찬을 희생 제사로 일컫는 말씀이 단 한 구절이라도 있는지 찾아보라. 희생 예복, 행렬, 향, 깃발, 촛불 점화, 성찬에 사용하는 꽃바구니, 동쪽을 향하는 것, 떡과 포도주에 절하는 것, 동정녀 마리아와 천사들에게 기도하는 것을 거룩하고도 아름다운 일이라고 일컫는 말씀이 단 한 구절이라도 있는지 찾아보라.

이런 사실을 염두에 둔다면, 의식주의자가 되기도 매우 어려울 것이다. 의식주의를 뒷받침하는 권위 있는 증거라는 것들은 고작 교부들의 글을 왜곡하여 인용한 것이거나 수도원주의나 신비주의, 또는 교황주의를 신봉하는 저술가들이 쓴 글이 전부이다. 성경에서는 그런 증거를 전혀 발견할 수 없다. 성경을 정직하고도 공평하게 해석한다면, 지나친 의식주의와 성경 사이에 뛰어넘을 수 없는 괴리가 존재한다는 것을 알게 될 것이다.

여러 가지 다른 교훈에 끌리지 않으려면, "성경을 연구하라"라는 주 예수 그리스도의 말씀을 기억해야 한다. 성경에 무지한 것이 모든 오류의 근원이다. 현대의 이단 사상을 물리칠 수 있는 가장 좋은 수단은 바로 성경을 아는 지식이다.

은혜로써 마음을 굳게 하라

이번에는 사도가 제시한 귀한 처방책을 살펴보자. 그는 "마음은 은혜로써 굳게 함이 아름답고 음식으로써 할 것이 아니니"(히 13:9)라고 말했다.

여기에 사용된 두 가지 용어들은 약간 설명할 필요가 있다.

이 용어들을 올바로 이해해야만 사도의 조언을 올바로 활용할 수 있다. 그러므로 이제 '음식'과 '은혜'라는 용어의 의미를 살펴보자.

'음식'이란 용어의 의미를 올바로 이해하려면, 초대 교회 당시 많은 유대인 신자들이 음식에 관한 율법을 매우 중요시했다는 사실을 기억해야 한다. 레위기에 보면, 동물이나 새의 고기 가운데 먹을 수 있는 것과 먹을 수 없는 것을 구별하고 있다. 즉, '정결한' 고기가 있고, '부정한' 고기가 있었다. 부정한 고기를 먹는 유대인은 하나님 앞에서 의식적으로 불결해졌다. 따라서 엄격한 유대인은 그런 음식을 먹기는커녕 만지지도 않았다.

그리스도께서 승천하신 뒤에도 그런 의식법을 여전히 지켜야 하는가? 복음에 의해 그런 의식법이 폐지되지 않았는가? 이방인 신자들도 음식에 관한 레위기의 율법을 지켜야 할 의무를 지는가? 그리스도께서 죽으시고 성전의 휘장이 둘로 갈라졌는데도 유대인 신자들은 여전히 음식을 철저히 가려 먹어야 하는가? 음식에 관한 율법은 완전히 폐지되었는가, 폐지되지 않았는가? 주 예수 그리스도를 믿는 신자의 양심도 음식으로 인하여 부정하게 될 것을 염려하며 고민해야 하는가?

이런 질문들은 사도 시대에 논쟁의 도마에 올랐던 중요한 주제들이었다. 당시 일부 사람들은 그런 문제를 지나치게 중시하는 경향을 보였다. 그래서 바울 사도는 자신의 서신 가운데 무려 세 곳에서 이 문제를 다루었다. 그는 이렇게 말했다.

"음식은 우리를 하나님 앞에 내세우지 못하나니"(고전 8:8).

"하나님의 나라는 먹는 것과 마시는 것이 아니요"(롬 14:17).

"먹고 마시는 것과 절기나 초하루나 안식일을 이유로 누구든지 너희를 비판하지 못하게 하라"(골 2:16).

사소한 것을 심각한 것으로 바꾸는 것은 지나치게 세심한 성향을 띤 인간의 병든 양심을 가장 분명하게 드러낸다. 음식을 둘러싼 이런 논쟁은 널리 퍼져 마침내 복음에 의식적인 것을 더하는 차원으로까지 발전했고, 사소한 의식법이 제자리를 벗어나 중요한 신앙의 원리인 것처럼 취급되는 결과를 낳았다.

히브리서 13장 9절에 언급된 음식이라는 용어도 바로 이런 측면에서 생각해야 한다. 즉, 바울이 말하는 '음식'이란 복음에 의해 폐지되거나 대체된 모세의 율법이나 사람들이 스스로 만들어 낸 법칙을 바탕으로 하는 의식법을 지키는 것을 의미한다. 이 말은 사도 시대에 그런 의미로 이해되었다.

한편 '은혜'라는 말은 예수 그리스도의 복음을 포괄적으로 묘사한다. 은혜는 영광스런 복음의 가장 중요한 특성이다. 구원을 계획한 것도 은혜요, 구원을 실행한 것도 은혜이며, 인간의 영혼에 구원을 적용하는 것도 은혜이다. 은혜는 우리의 구원이 비롯되는 생명의 원천이요, 우리의 영적 생활을 유지해 주는 동인(動因)이다.

의롭다하심을 받았는가? 은혜로 그렇게 된 것이다. 부르심을 받았는가? 은혜로 그렇게 된 것이다. 용서를 받았는가? 은혜의 부요함을 통해 용서를 받은 것이다. 선한 소망을 갖는 것도 은혜로 된 것이요, 믿는 것도 은혜로 된 것이다. 선택받았는가? 그것도 은혜로 말미암는 선택이다. 구원받았는가? 물론 구원도 은혜로 받는다. 더 말해야 하는가? 구원의 과정에서 은혜가 하는 일을 모두 다 언급하려면 시간이 부족하다. 바울이 다음과 같이 말한 것은 매우 당연하다.

"그리스도 예수 안에 있는 속량으로 말미암아 하나님의 은혜로 값없이 의롭다하심을 얻은 자 되었느니라"(롬 3:24).

"모든 사람에게 구원을 주시는 하나님의 은혜가 나타나"(딛 2:11).

"내 어머니의 태로부터 나를 택정하시고 그의 은혜로 나를 부르신 이가"(갈 1:15).

"우리는 그리스도 안에서 그의 은혜의 풍성함을 따라 그의 피로 말미암아 속량 곧 죄 사함을 받았느니라"(엡 1:7).

"우리 주 예수 그리스도와 우리를 사랑하시고 영원한 위로와 좋은 소망을 은혜로 주신 하나님 우리 아버지께서"(살후 2:16).

"아볼로가 아가야로 건너가고자 함으로 형제들이 그를 격려하며 제자들에게 편지를 써 영접하라 하였더니 그가 가매 은혜로 말미암아 믿은 자들에게 많은 유익을 주니"(행 18:27).

"그러므로 나는 할 수 있는 대로 로마에 있는 너희에게도 복음 전하기를 원하노라"(롬 1:15).

"그런즉 어찌하리요 우리가 법 아래에 있지 아니하고 은혜 아래에 있으니 죄를 지으리요. 그럴 수 없느니라"(롬 6:15).

"허물로 죽은 우리를 그리스도와 함께 살리셨고(너희는 은혜로 구원을 받은 것이라)"(엡 2:5).

우리는 지금 사도가 제시한 처방책을 살펴보고 있다. 사도는 처방책을 제시하면서 두 가지 위대한 원리를 극명하게 대조한다. 그는 음식과 은혜, 즉 의식과 복음(의식주의와 그리스도 예수 안에 나타난 하나님의 사랑)을 대조하여 음식이 아닌 은혜로 마음을 굳게 해야 한다는 위대한 원리를 제시한다.

마음을 굳게 하는 것은 많은 신자들이 바라는 큰 소망 가운데 하나이다. 특히 이것은 지식이 불완전하고 양심이 반만 깨어난 사람들이 가장 간절하게 바라는 소망이다. 그런 사람들은 자신의 내면에 많은 죄가 거하고 있다는 현실을 종종 의식하지만, 하나님의 치유책과 그리스도의 충족하심에 관해서는 그리 많이 알지를 못한다. 그들의 믿음은 연약하고, 그들의 소망은 흐릿하며, 그들의 위로는 매우 적다. 그들은 좀 더 확실한 위로를 원한다. 그들은 평안하지 않다. 그들은 믿으면서도 기쁨과 평화를 온전히 누리지 못한다. 그들은 과연 무엇을 붙잡아야 할까? 무엇이 그들의 양심을 편안하게 할까?

그런 그들에게 영혼의 원수가 찾아와 확고한 상태에 빨리 이를 수 있는 방법을 알려 주겠다고 유혹한다. 마귀는 복음의 단순한 계획에 인간이 만든 규칙을 덧붙이거나, 진리를 약간 과장하거나, 육신을 만족스럽게 하는 방법을 제시하거나, 옛 길을 새롭게 해 주겠다는 식으로 말하면서, "이 방법대로 하면 확고한 상태에 이를 것이다"라고 속삭인다. 가짜 약을 파는 사람의 말과 같은 그럴듯한 제안이 사방에서 들려온다. 그런 제안은 제각기 신봉자와 옹호자들을 거느리고 있다. 자기들이 말하는 대로 하기만 하면 확고한 상태에 이를 수 있다는 말이 사방에서 날아들어 불안정한 영혼을 유혹한다.

로마 가톨릭교회는 "우리에게로 오시오. 가톨릭교회는 반석 위에 선 교회요, 오류가 없는 유일하고 참되고 거룩한 교회라오. 우리 교회의 품에 안기면 당신의 영혼이 완전해질 것이오. 우리에게 오시오. 그리하면 확고한 상태에 이를 것이오"라고 말한다.

극단적인 의식주의자들은 "우리에게로 오시오. 당신에게는 제사장직과 성례, 실제로 주님이 임재하시는 성만찬, 매일의 봉사, 일일 미사, 비밀스런 고해, 사제의 사면에 관해 좀 더 온전하고도 확실한 견해가 필요하오. 와서 건전한 교회의 교리를 배우시오. 그리하면 확고한 상태에 이를 것이오"라고 말한다.

과격한 국교폐지론자(Liberationist)들은 "국교회의 속박과 족쇄를 벗어 버리시오. 국가와 관계된 것을 모두 끊어 버리시오. 종교적인 자유를 누리시오. 형식과 기도서를 버리시오. 우리의 견해를 배우시오. 우리 편이 되시오. 우리에게 운명을 맡기시오. 그리하면 곧 확고한 상태에 이를 것이오"라고 말한다.

플리머스 형제단(Plymouth Brethren)은 "교회의 신조와 체계의 속박을 떨쳐 버리시오. 더 고상하고 더 깊고 더 숭고하고 더 계몽된 진리를 배우시오. 형제단에 합류하시오. 그리하면 곧 확고한 상태에 이를 것이오"라고 말한다.

합리주의자들은 "우리에게로 오시오. 다 낡은 옷과 같은 기독교의 무력한 체계를 버리시오. 이성을 자유롭게 활용하시오. 성경을 좀 더 자유로운 관점으로 바라보시오. 고대의 책을 무턱대고 따르지 마시오. 속박의 사슬을 끊으시오. 그리하면 확고한 상태에 이를 것이오"라고 말한다.

경험이 많은 신자라면 누구나 오늘날 그런 말들이 영혼이 불안정한 사람들을 끊임없이 유혹한다는 것을 잘 알고 있을 것이다. 잘 알다시피, 과감하면서도 자신 있게 그렇게 말하는 사람들이 많은 사람들에게 큰 해악을 끼치고 있다. 그들은 종종 불안정한 사람들을 현혹하여 오랫동안 큰 불행을 겪게 만든다.

"성경은 뭐라고 말하는가?" 오직 이것만이 유일하고도 확실한 길잡이이다. 사도의 말에 귀를 기울이라. 이편이나 저편에 가담한다고 해서 마음이 굳게 확정되는 것은 아니다. 마음은 음식이 아니라 은혜로 확고해진다. 다른 것은 모두 '지혜 있는 모양'(골 2:23)만 갖추고, 육신을 일시적으로 만족시킬 뿐이다. 그런 것들은 실제로 치유하는 능력을 가지고 있지 않다. 그런 것들을 신뢰하는 사람은 상태가 나아지기는커녕 더 나빠질 뿐이다.

올바른 치유책은 하나님의 은혜로운 계획과 영원한 목적을 더욱 확실하게 이해하는 것이다. 그리스도의 구원 사역을 통해 구원의 은혜가 인간에게 적용되고, 그리스도 안에서 하나님께서 값없이 사랑을 베푸시며, 그리스도께서 죗값을 온전하고도 완전하게 치르셨고, 믿음으로 의롭다하심을 받는다는 사실을 올바로 이해해 은혜의 교리를 더욱 굳게 붙잡아야 한다. 은혜의 원천이요 은혜를 베푸시는 분인 그리스도와 더욱 친밀한 관계를 맺고, 그분의 직임과 긍휼과 능력을 알고, 마음속에서 이루어지는 은혜의 사역을 좀 더 깊이 경험하는 것만이 마음을 확고하게 할 수 있는 비결이다. 이것이 평화에 이르는 옛길이요, 불안정한 양심을 치유하는 참된 치유책이다. 처음에는 너무 간단하고 값싸고 진부하고 명백해 보인다. 그러나 인간의 지혜는 무거운 짐을 진 사람들의 양심을 결코 평안하게 할 수 없다. 안타깝게도 사람들은 스스로를 의롭다 여기는 교만한 생각에 사로잡혀 이 선한 옛길을 외면할 때가 너무나도 많다.

나는 사도의 처방책을 굳게 붙잡는 것이 지금보다 더 절실한 때가 없다고 믿는다. 성경 지식이 부족한 탓에 신자들의 심령이 불안정한 상태에서 이토록 심하게 흔들리며 방황했던 적이 일찍이 없었다. 지금은 과거 그 어느 때보다도 충실한 사역자들이 입에 나팔을 물고 도처에서 "은혜, 은혜, 음식이 아닌 은혜가 마음을 굳게 한다"라고 외쳐야 할 때이다.

사람이 만든 처방책으로 양심의 상처를 치유할 수 있다고 주장하는 영적 돌팔이들이 활동하지 않은 적은 한 번도 없었다. 과거에 이스라엘 백성이 애굽과 그곳에서 먹었던 고기 요리를 동경했듯이, 우리가 사랑하는 교회 안에도 단순한 예배에 만족하지 않고 로마 교회의 화려한 의식에 미혹되는 사람들이 항상 있어 왔다. 달갑지 않은 기억이지만, 지난날 로드 대주교도 그런 경향을 보였다. 그러나 그의 행위는 오늘날 일부 사역자들에 비하면 그야말로 아무것도 아니다.

성례는 중시하면서도 설교는 경시하는 행위, 성만찬을 존중한다는 허울 좋은 명분을 내세워 그 의식을 우상화하는 행위, '공동 기도서'에 따라 꾸밈없는 예배를 드려야 하는데도 온갖 새로운 요소들을 가미해 예배의 본질을 흐려 놓는 행위 등이 얼마나 많은지 모른다. 전에는 이런 행위들이 어둠 속에서 은밀히 이루어졌지만, 지금은 버젓이 밝은 대낮에 온갖 폐해를 일으키고 있다. 이것이 우리 시대의 재앙이 되어 우리의 교회가 큰 피해를 당하고 있다. 원수들은 기뻐하겠지만, 경건한 신자들은 참으로 통탄하지 않을 수 없는 일이다. 이런 현상이 나타나게 된 이유는 무엇일까? 그것은 "마음은 은혜로써 굳게 함이 아름답고 음식으로써 할 것이 아니니"(히 13:9)라는 사도의 간단한 처방책을 소홀히 여기거나 망각했기 때문이다.

신자 개인의 신앙생활에서도 은혜가 모든 것을 좌우한다는 점을 잊지 말라. 하나님의 은혜의 복음에 대해 분명하고도 체계적인 지식을 쌓아야 한다. 요단강이 세차게 불어났을 때, 곧 병들었을 때나 시련을 당할 때나 죽음을 앞둔 때 복음의 지식보다 더 유익한 것은 없다. 믿음을 통해 우리 안에 거하시는 그리스도의 값없는 은혜를 우리를 지탱해 줄 유일한 토대로 삼는 것만이 진정한 평화를 가져다줄 수 있다. 자아와 형식과 인간이 만든 것들을 믿음의 필수 요소로 삼는다면, 우리는 이내 모래 늪에 가라앉고 말 것이다. '음식'의 종교를 의지한다면, 마치 장난감을 가지고 노는 어린아이처럼 잠시 동안은 즐겁고 재밌고 만족스러울 수 있다. 그러나 그런 것은 '경건의 외양'만을 갖춘 신앙에 불과하다. 은혜가 전부인 신앙을 갖지 않으면, 우리의 마음은 결코 확고해질 수 없다.

음식이 아닌 은혜로부터 오는 유익

이제 사도가 가르치는 교훈을 살펴보자. 그는 "음식으로 말미암아 행한 자는 유익을 얻지 못하였느니라"라고 말했다.

사도가 특정한 교회나 개인을 가리켜 말한 것인지는 확실히 알 수 없다. 물론 안디옥과 갈라디아의 신자들 중에 유대교 신앙을 지지하는 사람들이나, 바울이 목회서신을 통해 디모데에게 말했던 에베소의 일부 신자들, 또는 바울을 고민하게 만들었던 골로새의 일부 신자들이나, 모든 교회에 흩어져 있는 유대인 신자들을 염두에 두고 한 말일 수도 있다. 그러나 내가 생각하기에는 사도가 특정한 교회나 개인을 염두에 두지 않았을 가능성이 더 크다. 나는 사도가 은혜의 교리를 무시한 채 의식을 중시하는 모든 사람들을 염두에 두고, 포괄적이고도 일반적인 사실을 진술했다고 생각한다. 즉, 그의 선언은 그런 모든 사람들을 향한 것이었다.

은혜 교리를 무시한 채 의식을 중시하는 사람들은 자신이 지지하는 그 생각을 통해 유익을 얻지 못했다. 그들의 내면도 더 행복해지지 않았고, 겉으로 드러난 태도도 더 거룩하지 못했으며, 그 외에 다른 모든 측면에서도 유익한 결과를 얻지 못했다. 그들은 신앙생활을 통해 큰 유익을 누리지 못했다. 사람들은 죄인들을 위한 하나님의 보배로운 치유책을 바꾸고, 그리스도의 영광스런 복음에 인위적인 것을 덧붙였다. 그러나 그런 행위가 아무리 보기 좋게 장식되고 그럴듯하게 옹호된다고 하더라도, 그것은 실제로 아무런 유익도 가져다주지 못한다. 그런 신앙은 내적 위로를 증대하거나 성화를 촉진시킬 수 없다. 그런 신앙은 교회와 세상에 아무런 유익도 주지 못한다. 그러하기에 사도는 침착하고 조용하고 온유하면서도 확고하고 단호하고 엄중하게 선언한다.

"음식으로 말미암아 행한 자는 유익을 얻지 못하였느니라."

교회의 역사를 돌아보면, 사도의 말이 진리임을 증명하는 증거가 너무나 많다. 초창기 교회사에 등장했던 은수자(隱修者)들과 금욕주의자들에 관한 이야기를 모두 들어 보지 않았는가? 중세 시대 로마 교회의 수도사와 수녀와 은둔자들에 관해서도 모두 알고 있지 않은가? 자비에르(Xavier)와 로욜라의 이그나티우스(Ignatius Loyola)와 같이 철저한 자기 부정과 불같은 열정을 보여 준 로마 가톨릭교회의 신자들에 대해서도 모두 잘 알고 있지 않은가? 그런 사람들의 열정과 진지함과 자기희생은 누구도 부인할 수 없는 사실이다. 그러나 그들의 삶에 대해 기록한 글을 주의 깊게 읽고 이해한다면, 그들 중에서 가장 훌륭한 사람조차도 영혼의 내적 위로와 평화가 그렇게 확고하지 않았다는 사실을 금방 알 수 있을 것이다.

늘 초조함과 불안감에 시달렸던 그들의 모습은 그들의 양심이 편하지 않았다는 확실한 증거가 아닐 수 없다. 그들은 불같은 열정으로 자기를 부인했지만, 세상에 그다지 큰 유익을 끼치지는 못했다. 그들의 주위에는 단지 그들을 신봉하는 추종자들이 몰려들어 파벌을 조장했을 뿐이다. 그들은 자기를 부인하고 진지하게 살아간 사람들이라는 좋은 평판을 받았다. 사람들은 그들이 살아 있을 때 그들을 경이롭게 생각했고, 그들이 죽고 나서는 그들을 성인(聖人)으로 추대했다. 그러나 그들은 영혼들을 회심으로 이끌지 못했다. 왜냐하면 그들이 하나님의 은혜의 복음이 아니라 인간이 만든 의식과 관습을 중시하며 그것들을 자랑스럽게 여겼기 때문이다. '음식'을 중시하고 '은혜'를 경시하는 것이 그들의 원리였다. 그들은 "음식으로 말미암아 행한 자는 유익을 얻지 못하였느니라"라는 사도의 말이 사실임을 드러내는 증거이다.

  우리 시대의 역사도 사도의 말이 사실이라는 것을 여실히 증명한다. 지난 25년 동안, 상당수의 사역자들이 국교회를 이탈해 로마 가톨릭교회에 합류했다. 그들은 가톨릭의 교리와 의식이 더 필요하다고 생각했다. 그들은 자신들의 신념에 따라 로마 가톨릭교회로 건너갔다. 약하고 무지하고 열등한 사람들만 그런 것이 아니었다. 그들 가운데는 뛰어난 재능을 가진 사람들, 즉 어떤 직업을 갖더라도 높은 위치에 오를 수 있는 사람들도 더러 있었다.

그렇다면 그들은 그런 행동을 통해 무엇을 얻었을까? 그들은 은혜를 버리고 음식을 선택함으로써, 즉 개신교를 버리고 가톨릭을 선택함으로써 무슨 유익을 얻었을까? 그들이 더욱 거룩해졌을까? 더 많은 유익을 얻었을까? 그들 중 한 사람의 말을 들어 보면 그 대답을 알 수 있을 것이다.

포크스(Ffoulkes)는 지난 25년 동안 로마 가톨릭교회로 건너간 사역자들 가운데 지도적인 인물이다. 그런 그가 자신의 동료 사역자들 가운데 몇몇 사람들의 설교가 국교회의 사역자로 있을 때만큼 강력한 힘을 발휘하지 못했다고 솔직히 털어놓았다. 또한 경건한 국교회의 목회자로 조용한 목사관에서 지내면서 가식 없는 가정생활을 영위할 때와는 달리, 로마 가톨릭교회로 건너간 뒤에는 거룩한 삶을 실천하는 일에도 별 진전이 없었다고 말했다. 의도하든 의도하지 않았든, 알았든 몰랐든, 포크스의 말은 사도의 말이 사실임을 증명한다. '음식'이 중요하다고 아무리 야단법석을 떨어도 그것을 통해서는 아무런 유익도 얻을 수 없다. 인간이 만든 의식과 제도를 높이는 신앙 체계는 하나님의 은혜의 복음과는 달리 신봉자들에게 참된 유익을 가져다주지 못한다.

이번에는 잠시 관점을 달리해 '은혜'가 무슨 유익을 가져다주는지를 살펴보자. 복음의 교리에 '음식,' 곧 인간이 만든 의식을 덧붙여 인위적으로 고치고 보완하려고 하지 않고, 오직 복음의 교리만을 굳게 붙잡은 사람들은 과연 얼마나 큰 유익을 얻었을까?

먼저, 마틴 루터는 '음식이 아닌 은혜'로 세상에서 종교개혁이라는 놀라운 업적을 이루었다. 그의 성공 비결은 율법의 행위가 아니라 믿음으로 의롭다하심을 받는다는 진리를 끝까지 외친 데 있었다. 그는 이 진리로 로마 가톨릭교회의 속박을 깨뜨려 유럽에 찬란한 빛을 비추었다.

또한 래티머와 존 후퍼(John Hooper) 같은 영국의 순교자들도 '음식이 아닌 은혜'로 살아 있을 때 큰 영향력을 발휘했고, 죽어서도 밝은 빛을 비추었다. 그들은 그리스도의 제사장직과 오직 은혜로 구원받는다는 진리를 분명히 이해하고 명확하게 가르쳤다. 그들은 하나님의 은혜를 존중했고, 하나님은 그런 그들을 영광스럽게 하셨다.

지금으로부터 100년 전, 로메인과 벤(Venn)을 비롯해 그들의 동료들도 '음식이 아닌 은혜'로 영국 사회를 혁신하는 역사를 일으켰다. 그들은 탁월한 교육을 받지도 않았고 지적인 능력도 그렇게 뛰어나지 않았지만, 순수한 은혜의 교리를 회복시켜 밝히 드러냈다.

금세기 초에 활동한 시므온과 다니엘 윌슨(Daniel Wilson)과 비커스테스(Bickersteth)도 '음식이 아닌 은혜'로 하나님의 유익한 도구가 되어 큰 영향을 미쳤다. 그들은 하나님의 값없는 은혜를 의지하고, 항상 그 은혜를 내세웠다. 하나님은 그런 그들을 영광스럽게 하셨다. 그들이 하나님의 은혜를 매우 중시했기 때문에 은혜의 하나님께서도 그들을 중요하게 여기셨다.

이 밖에도 많은 사역자들의 전기를 읽어 보면 참으로 놀라운 이야기가 많다. 과연 누가 세상을 뒤흔들고, 동시대인들에게 깊은 인상을 심어 주고, 양심을 일깨우고, 죄인들을 회심으로 이끌고, 성도들을 굳게 세워 줄 수 있을까? 금욕과 의식과 성례와 예전과 예식을 중시하는 사람이 아니라 오직 하나님의 값없는 은혜를 중시하는 사람만이 그런 힘을 발휘할 수 있다.

분쟁과 논쟁과 혼돈과 의심의 시대를 살아가는 사람들은 이 사실을 쉽게 잊어버리는 경향이 있다. 그러나 진실은 흔들리거나 변하지 않는다. 우리는 진실을 굳게 붙잡아야 한다. 매일의 예식, 잦은 성찬식, 행렬, 향, 절, 성호 긋기, 고해, 사면 등과 같은 것이 기독교를 번영시킬 수 있는 비결이라고 말하는 사람들에게 현혹되어서는 안 된다. 분명한 진실만을 바라봐야 한다. 과거와 현재의 역사 속에 명백히 드러난 진실과 영국 전역에서 나타나고 있는 현실이 사도의 말을 뒷받침한다. '음식'의 종교는 "음식으로 말미암아 행한 자"를 유익하게 하지 못한다. 오직 은혜의 종교만이 내적 평화와 외적 경건과 보편적인 유익을 촉진할 수 있다.

적용

이제 몇 가지 실천적인 적용을 끝으로 이번 장을 마무리하고자 한다. 우리는 신앙이 특별한 위험에 처해 있는 시대에 살고 있다. 지금부터 내가 전하는 조언은 모두가 진지하게 귀를 기울여야 할 충분한 가치를 지니고 있다.

거짓 교리에 놀라지 말라

거짓 교리가 등장해 활개를 치더라도 놀랄 필요가 없다. 사도 시대부터 항상 그래 왔다. 거짓 교리는 사도들이 죽기 전부터 등장했다. 사도들은 말세에는 거짓 교리가 더욱 기승을 부릴 것이라고 예고했다. 우리의 믿음을 시험해 참신앙을 가진 사람을 가려내는 것은 하나님의 지혜로우신 뜻이다. 오히려 세상에 거짓 교리나 이단 사상이 없다면, 성경의 증언이 잘못된 것이라고 생각할 수밖에 없다.

거짓 교리를 단호히 배격하라

거짓 교리를 단호히 배격하겠다는 의지를 가져야 한다. 잘못된 본보기나 유행에 이끌려서는 안 된다. 신분의 높고 낮음이나 빈부를 가리지 않고 우리 주위에 있는 모든 사람들이 마치 홍수에 떠내려가는 거위들처럼 반(半)교황주의의 물살에 휩쓸려 가더라도 조금도 흔들려서는 안 된다. 우리의 입장을 굳게 지키라.

거짓 교리를 배격하고 성도에게 단번에 주신 믿음의 도를 힘써 외치라. 신약성경의 진리를 지지하는 우리의 입장과 태도를 밝히 드러내기를 부끄러워하지 말라. "논쟁주의자"라는 비난을 듣더라도 조금도 주저하지 말라. 도둑은 짓지 않는 개와 경계심 없는 파수꾼을 좋아한다. 마귀는 도둑이요 강도이다. 논쟁이 무서워서 거짓 교리를 배격하지 않는다면, 하나님이 아니라 마귀를 기쁘게 할 뿐이다.

개신교의 원리를 잘 보존하라

개신교의 원리를 조금도 훼손하지 않고 잘 보존해 후손들에게 물려주기 위해 노력해야 한다. 어려운 시기에 개신교를 버리고 떠나라고 종용하는 심약한 사역자들의 말에 귀를 기울이지 말라.

영국 국교회는 싸워서 지켜야 할 만큼 충분한 가치를 지닌다. 영국 국교회는 지금까지 많은 유익을 끼쳐 왔다. 그리고 앞으로도 가톨릭교회의 관습과 불신앙의 행위를 경계한다면, 더 많은 일을 이룰 수 있는 큰 잠재력이 있다. 가톨릭교회의 미사와 고해성사를 다시 받아들인다면, 우리는 파멸하고 말 것이다. 우리는 영국 국교회가 개신교 교회로서의 면모를 잃지 않도록 힘써 싸워야 한다.

우리는 해마다 '39개 신앙조항'에 깊은 관심을 기울여 거기에서 무엇이 참된 교회의 원리인지를 배워야 한다. 39개 신앙조항을 우리의 기억에 새겨 자유롭게 인용할 수 있는 능력을 길러야 한다. 39개 신앙조항을 올바로 이해한다면, 제아무리 철저한 의식주의자나 합리주의자일지라도 그 날카로운 칼날 앞에 무릎을 꿇고 말 것이다.

구원을 확신하라

우리 각자의 구원을 확신해야 한다. 우리가 구원받았다는 사실을 알고 느껴야 한다.

논쟁의 시대에는 항상 영적으로 큰 위험이 뒤따르기 마련이다. 사람들은 정통주의와 진정한 회심을 혼동하기 일쑤이고, 교황주의자들을 물리칠 수 있는 교리만 알고 있으면 저절로 천국에 가는 줄로 생각하곤 한다. 그러나 지식 없는 열정이 영혼을 구원할 수 없듯이, 머리로만 개신교의 원리를 아는 것도 영혼을 구원할 수 없다. 이 점을 절대 잊지 말라.

그리스도의 보혈이 우리의 양심에 뿌려졌다는 것을 확실하게 느끼고, 성령께서 우리 안에서 우리가 거듭났다고 증언하시는 소리를 분명히 듣게 될 때까지는 조금도 안심해서는 안 된다. 이것이 진정한 현실이요 참신앙이다. 이런 신앙은 오래도록 굳건하며, 우리를 결코 실망시키지 않을 것이다. 머리로만 은혜를 이해하지 않고 마음에 간직해야만 영혼이 구원받고 유익을 누릴 수 있다.

6. The Fallibility Of Ministers

But when Peter was come to Antioch,

I withstood him to the face, because he was to be blamed.

For before that certain came from James, he did eat with the Gentiles

: but when they were come, he withdrew and separated himself, fearing them

which were of the circumcision. And the other Jews dissembled likewise with him

; insomuch that Barnabas also was carried away with their dissimulation.

But when I saw that they walked not uprightly according to the truth of the gospel,

I said unto Peter before them all……

Knowing that a man is not justified by the works of the law,

but by the faith of Jesus Christ, even we have believed in Jesus Christ,

that we might be justified by the faith of Christ, and not by the works of the law

: for by the works of the law shall no flesh be justified.

(Galatians 2:11-16)

Chapter 6
오류에서 자유로운 사람은 없다

"게바가 안디옥에 이르렀을 때에
책망받을 일이 있기로 내가 그를 대면하여 책망하였노라.
야고보에게서 온 어떤 이들이 이르기 전에 게바가 이방인과 함께
먹다가 그들이 오매 그가 할례자들을 두려워하여 떠나 물러가매
남은 유대인들도 그와 같이 외식하므로 바나바도 그들의 외식에
유혹되었느니라. 그러므로 나는 그들이 복음의 진리를 따라 바르게
행하지 아니함을 보고 모든 자 앞에서 게바에게 이르되,
네가 유대인으로서 이방인을 따르고 유대인답게 살지 아니하면서
어찌하여 억지로 이방인을 유대인답게 살게 하려느냐 하였노라.
우리는 본래 유대인이요 이방 죄인이 아니로되,
사람이 의롭게 되는 것은 율법의 행위로 말미암음이 아니요

오직 예수 그리스도를 믿음으로 말미암는 줄 알므로 우리도 그리스도 예수를 믿나니 이는 우리가 율법의 행위로써가 아니고 그리스도를 믿음으로써 의롭다함을 얻으려 함이라. 율법의 행위로써는 의롭다함을 얻을 육체가 없느니라"
(갈 2:11-16).

베드로가 안디옥에서 행한 일을 생각해 본 적이 있는가? 이것은 충분히 진지하게 관심을 가져야 할 질문이 아닐 수 없다.

우리는 베드로 사도가 로마에서 행한 일에 관해 종종 듣는다. 물론 그것을 뒷받침할 확실한 증거는 없다. 로마 가톨릭의 저술가들은 베드로가 로마에서 행한 다양한 일에 대해 이야기한다. 그에 관한 전설과 전통과 설화가 많다. 그러나 로마 가톨릭 저술가들에게는 안된 말이지만, 성경은 그 일에 대해 아무 말도 하지 않는다. 성경에는 베드로 사도가 로마에서 행한 일을 언급하는 구절이 전혀 없다.

그렇다면 베드로 사도는 안디옥에서 무슨 일을 행했을까? 이것이 내가 관심을 기울여 살펴보고자 하는 요점이다. 이번 장의 본문인 갈라디아서는 바로 이 문제를 다룬다. 성경은 이에 대해 분명하고도 확실하게 증언한다.

갈라디아서 2장 11-16절 말씀은 여러 가지 면에서 매우 흥미롭다. 우선 여기서 묘사하는 사건이 매우 흥미롭고, 여기에 등장하는 두 사람의 신분도 흥미롭다. 나이가 적은 바울이 나이가 많은 베드로를 책망하는 상황도 마찬가지로 흥미롭다. 언뜻 생각하면, 베드로가 극악무도한 죄를 저지르지는 않은 것처럼 보인다. 그러나 바울은 "게바가……책망받을 일이 있기로 내가 그를 대면하여 책망하였노라"(11절)라고 말한다. 그는 안디옥에서, 모든 교회가 보는 앞에서 베드로를 공공연히 책망했다. 심지어 그는 당시의 일을 기록으로 남겨 온 세계의 200여 개의 언어로 전해지게 만들었다.

나는 성령께서 우리가 이 말씀에 특히 주의하기를 원하신다고 믿는다. 기독교가 인간이 만든 종교라면 이런 말씀이 절대 기록되지 않았을 것이다. 이슬람교의 창시자인 마호메트라면 두 사도 사이에 있었던 일을 애써 무마하려고 노력했겠지만, 진리의 성령께서는 이 말씀을 기록으로 남겨 우리를 가르치는 것을 기뻐하셨다. 따라서 우리는 이 말씀의 내용에 깊은 관심을 가져야 한다.

안디옥에서의 사건을 기록하고 있는 갈라디아서 2장 11-16절을 통해 우리가 배워야 할 점은 크게 세 가지이다.

- 위대한 사역자도 큰 실수를 저지를 수 있다.
- 교회 안에서 그리스도의 진리를 보존하는 것이 평화를 유지하는 것보다 훨씬 더 중요하다.
- 율법의 행위가 아니라 믿음으로 의롭다하심을 받는다는 교리를 그 어떤 교리보다 더 열심히 지켜야 한다.

위대한 사역자도 큰 실수를 저지를 수 있다

어느 누구도 오류에서 자유로울 수 없다

우리가 안디옥에서의 사건을 통해 배워야 할 첫 번째 교훈은 위대한 사역자도 큰 실수를 저지를 수 있다는 것이다.

우리 앞에 있는 이 말씀보다 더 확실한 증거가 어디 있겠는가? 베드로는 사도들 중에서도 가장 위대한 사람 가운데 하나였다. 그는 예수님의 최측근 제자로서 특별한 이점과 권리를 누렸다. 그는 주 예수님을 곁에서 직접 섬겼다. 그는 주님의 설교를 듣고, 그분의 기적을 목격했을 뿐만 아니라 주님으로부터 개인적으로 가르침을 받았다. 그는 주님의 친한 친구요, 그분이 세상에서 일하시는 동안 모든 활동에 참여했다.

그는 천국 열쇠를 받은 사도였다(마 16:19 참고). 그 열쇠가 그의 손에 의해 처음 사용되었다. 그는 오순절에 복음을 전해 유대인들에게 믿음의 문을 처음 열어 주었다(행 2장 참고). 더욱이 그는 이방인들에게 믿음의 문을 처음 열어 준 사람이기도 하다. 그는 이방인인 고넬료의 집에 가서 그를 신자로 만들었다(행 10장 참고). 사도행전 15장 10절에 기록된 것처럼, 예루살렘 공의회에서 "그런데 지금 너희가 어찌하여 하나님을 시험하여 우리 조상과 우리도 능히 메지 못하던 멍에를 제자들의 목에 두려느냐"라고 말한 사람도 그가 처음이었다. 그런데 바로 그런 사도 베드로가 큰 실수를 저질렀다.

바울은 "베드로를 대면하여 책망하였노라"라고 말한다. 그는 베드로에게 '책망받을 일이 있다'고 말한다. 그는 '베드로가 할례자들을 두려워했다'고 말한다. 그는 베드로와 그의 일행이 '복음의 진리를 따라 바르게 행하지 아니했다'고 말한다. 바울은 그들의 '외식'을 지적했다. 그는 과거에 자기와 함께 선교 사역을 행했던 바나바조차도 그 외식에 '유혹되었다'고 말한다.

참으로 놀라운 사실이 아닐 수 없다. 시몬 베드로가 그런 잘못을 저지른 장본인이었다. 이것은 그가 저지른 세 번째 큰 실수였다. 성령께서는 이 사실을 성경에 기록하는 것이 적합하다고 판단하셨다. 일찍이 베드로는 예수님을 간곡히 만류해 십자가의 위대한 사역을 이루시지 못하게 하려다가 큰 꾸짖음을 들었다. 또한 그는 주님을 모른다고 세 번이나 부인하며 맹세했고, 결국 복음의 핵심 진리를 위태롭게 만드는 죄까지 저질렀다. "주님, 인간이란 대체 무엇일까요?"라는 말이 절로 나올 수밖에 없다. 로마 가톨릭교회는 베드로 사도가 교회의 설립자요 초대 교황이라고 자랑한다. 그들의 말이 사실이라고 치자. 그러나 가룟 유다를 제외하면, 모든 사도들 가운데 베드로만큼 실수를 많이 저지른 사도도 없다. 로마 가톨릭 신자들이 자랑하는 가톨릭교회는 사실상 사도들 가운데 가장 실수가 많았던 사람에 의해 설립된 셈이다.[1]

갈라디아서 2장 11-16절은 사도들조차도 성령의 영감을 받지 않으면 종종 오류를 범할 수 있다는 사실을 여실히 보여 준다. 아무리 훌륭한 사람이라고 해도 육신에 거하는 한 연약함과 오류에서 자유로울 수 없다. 하나님의 은혜가 붙잡아 주지

---

[1] 흥미롭게도 어떤 가톨릭 저술가들은 갈라디아서 2장 11-16절 말씀의 명백한 의미를 제멋대로 왜곡시켰다. 바울이 베드로를 실제로 꾸짖은 것이 아니라 꾸짖는 척만 한 것이라고 주장하는 사람들도 있고, 책망을 받은 사람이 베드로 사도가 아니라 칠십 명의 제자 가운데 한 사람이었던 또 다른 베드로였다고 주장하는 사람들도 있다. 그런 해석은 언급할 가치조차 없다. 그런 주장은 한마디로 터무니없다. 사실 갈라디아서 말씀의 명백한 의미는 베드로가 다른 모든 사도들의 수장으로서 그들보다 뛰어나다는 로마 가톨릭교회의 교리에 강한 타격을 가한다.

않는다면, 누구든 언제라도 잘못을 저지를 수 있다. 부끄러운 일이지만 사실이다. 참신자는 회심과 칭의와 성화를 경험한다. 참신자는 그리스도의 지체요 하나님의 사랑스런 자녀이자 영생을 물려받은 상속자이다. 참신자는 선택과 부르심을 통해 구원에 이르렀다. 성령께서 참신자 안에 거하신다. 그러나 참신자도 얼마든지 오류를 저지를 수 있다.

신분이 높고 권위 있는 사람은 오류에서 자유로울 수 있지 않을까? 절대 그렇지 않다. 사람의 칭호는 중요하지 않다. 어떤 사람이 차르(Czar, 러시아 시대에 황제를 이르던 말), 황제, 왕, 군주일 수도 있고, 교황, 추기경, 대주교, 주교, 감독, 부감독, 사제, 부사제일 수도 있다. 그러나 그런 사람도 여전히 오류에서 자유롭지 못한 인간일 뿐이다. 왕관이나 금관, 또는 미트라(mitre, 주교가 쓰는 모자)를 머리에 쓰거나 기름을 바르고 안수를 받는다고 해서 오류에서 자유로운 것은 결코 아니다.

숫자가 많으면 오류에서 자유로울 수 있지 않을까? 절대 그렇지 않다. 군주가 수십 명이 모이고, 주교가 수백 명이 모인다고 해도 여전히 오류를 범할 수 있다. 그런 모임을 공의회든 총회든 회담이든 어떤 명칭으로 부르든 상관없다. 명칭은 중요하지 않다. 인간이 오류를 저지를 가능성은 여전히 그대로

이다. 서로 지혜를 모아도 얼마든지 큰 잘못을 저지를 수 있다. 국교회의 스물한 번째 신조는 "심지어 하나님께 속한 일을 다루는 공의회도 잘못을 저지를 수 있고, 또 때로 잘못을 저질렀다"라고 말한다. 이 진술은 조금도 틀리지 않다.

비단 베드로 사도만 잘못을 저지른 것이 아니다. 그가 안디옥에서 저지른 잘못은 우리를 가르치기 위해 성경에 기록된 많은 사례들 가운데 하나일 뿐이다. 믿음의 조상 아브라함이 아내 사라의 말을 듣고 하갈을 아내로 삼은 일을 기억하는가?(창 16:1-4 참고) 초대 대제사장이었던 아론이 이스라엘 백성의 말을 듣고 금송아지를 만든 일을 기억하는가?(출 32:1-4 참고) 나단 선지자가 다윗이 성전을 건축하리라고 말했던 것을 기억하는가?(삼하 7장 참고) 가장 지혜로운 왕이었던 솔로몬이 아내들에게 산당을 짓도록 허락한 사실을 기억하는가?(왕상 11:4-8 참고) 유다의 선한 왕이었던 아사가 병들었을 때 주님께 구하지 않고 의원들에게 구했던 것을 기억하는가?(대하 16:12 참고)

선한 왕 여호사밧이 도와달라는 사악한 아합의 요청을 들어준 것을 기억하는가?(왕상 22장; 대하 18장 참고) 선한 왕 히스기야가 바벨론의 사자들 앞에서 교만하게 행한 일을 기억하는가?(왕하 20:12-15 참고) 유다의 마지막 선한 왕이었던 요시야가 애굽 왕 느고와 무모한 전쟁을 벌였던 일을 기억하는가?(대하 35:20-23 참고) 야고보와 요한이 하늘에서 불이 내려 무고한 사람들을 죽이기를 바랐던 것을 기억하는가?(눅 9:54 참고) 이 모든 사건들은 아무 이유 없이 기록되지 않았다. 이 사건들은 인간이 오류를 저지를 수 있다는 사실을 명백히 증언한다.

교회사를 읽어 본 사람이면, 가장 훌륭한 사람도 오류를 저지를 수 있다는 증거를 거듭 확인할 수 있지 않은가? 초기 교부들은 각자 자신의 지식을 근거로 열정을 다해 일했고, 그리스도를 위해서라면 죽음도 마다하지 않았다. 그러나 그들 중 많은 사람들이 수도원 생활을 장려하였으며, 거의 모두가 미신의 씨앗을 퍼뜨렸다.

종교개혁자들은 하나님의 도구가 되어 세상에 진리를 회복하는 일에 기여하는 영예를 누렸다. 그러나 그들 가운데도 큰 잘못을 저지르지 않은 사람이 거의 없었다. 마틴 루터는 '성체공존설(consubstantiation, 그리스도의 몸과 피의 본질이 성찬식의 빵과 포도주의 본질과 공존한다는 견해)'을 철저히 신봉했고, 멜랑톤(Melanchton)은 소심하고 우유부단할 때가 많았다. 칼빈은 세르베투스(Servetus)를 화형에 처하도록 허락했고, 크랜머는 자신의 처음 신앙을 철회했다. 쥬얼은 죽음이 두려워 교황청의 교리에 복종했고, 후퍼는 성직자의 예복에 관해 지나치게 신중한 태도를 취함으로써 영국 국교회를 혼란에 빠뜨렸다. 청교도는 후대에 이르러 관용을 아바돈과 아볼루온을 따르는 행위로 단죄했다. 또한 지난 세기에 활동했던 웨슬리와 토플레디(Toplady)는 부끄럽기 짝이 없는 말로 서로를 비난했다. 우리 시대에는 에드워드 어빙(Edward Irving)이 세상에 알려지지 않은 방언을 말하는 현상에 미혹된 바 있다. 이 모든 사례들이 큰소리로 외치며, 교회가 나아가야 할 길을 환히 비추고 있다. 이 모든 증거는 다음과 같이 말한다.

"너희는 인생을 의지하지 말라"(사 2:22).

"지도자라 칭함을 받지 말라"(마 23:10).

"땅에 있는 자를 아버지라 하지 말라"(마 23:9).

"누구든지 사람을 자랑하지 말라"(고전 3:21).

"자랑하는 자는 주 안에서 자랑하라"(고전 1:31).

모두가 한목소리로 "아무도 오류가 없다고 말하지 말라"라고 외친다.

이것은 우리 모두에게 필요한 교훈이다. 우리는 볼 수 없는 하나님이 아니라 볼 수 있는 인간을 의지하려는 본성을 지니고 있다. 우리는 보이지 않는 그리스도, 곧 위대한 목자요 대제사장이신 주님이 아니라 유형 교회의 목회자들을 의지하려는 경향이 있다. 따라서 우리는 늘 경고를 귀담아듣고 깨어 있어야 한다.

인간을 의지하는 성향을 곳곳에서 목격한다. 개신교 교회 가운데 이 문제와 관련해 경고할 필요가 없는 교회는 하나도 없다. 예를 들어, 영국 감독교회는 피어슨(Pearson)과 현명한 후커를 우상화하는 덫에 걸리기 쉽다. 또 스코틀랜드 장로교회는 존 녹스(John Knox)와 서약자들[2]과 찰머스(Chalmers)를 신봉하는 덫에 걸리기 쉽고, 우리 시대의 감리교 신자들은 존 웨슬리를 추앙하는 덫에 걸리기 쉽다. 독립교회의 경우는 오웬과 도드리지(Doddridge)의 견해에서 아무런 결함도 보지 못하는 덫에 걸리기 쉽고, 침례교 신자들은 길(Gill)과 풀러(Fuller)와 로버트 홀(Robert Hall)의 지혜를 과장하는 덫에 걸리기 쉽다. 이 모든 것이 덫이다. 얼마나 많은 사람들이 이런 덫에 걸리는지 모른다.

우리는 본성상 자신의 교황을 만들기를 좋아한다. 우리는 어떤 훌륭한 목회자나 박학한 학자가 한 말이나 우리가 좋아하는 사역자가 한 말이라면, 그것이 성경에 근거를 두는지도

---

[2] 역자주 – 장로교 전통에 충성하기로 맹세한 사람들을 말한다.

따지지 않고 무조건 옳다고 생각하는 경향이 있다. 사람들은 대개 스스로 생각하는 수고를 감당하기 싫어한다. 사람들은 지도자가 하는 대로 따르기를 원한다. 그들은 영락없이 양을 닮았다. 양은 한 마리가 구덩이에 뛰어들면 나머지도 모두 그 뒤를 따른다. 심지어 바나바도 안디옥에서 베드로가 하는 대로 따랐다. 아마도 그는 '베드로 같은 사도가 잘못할 리 없어. 그를 따른다면, 나도 잘못을 저지를 리 없어'라고 생각했을지도 모른다.

오직 성경만이 무오하다

이제 이 첫 번째 교훈을 실천에 옮길 수 있는 방법을 몇 가지 살펴보겠다.

첫째, 어떤 사람이 수백 년 전의 인물이라는 이유만으로 그의 견해를 무조건 믿어서는 안 된다. 베드로는 그리스도께서 활동하신 시대에 살았던 인물이었지만, 오류로부터 자유롭지는 않았다.

오늘날 '초대 교회'를 우러러보는 사람들이 많다. 그들은 사도 시대와 가장 가까운 때에 살았던 사람들이 우리보다 진리에 관해 더 많이 알고 있다고 생각하도록 유도한다. 그러나 그런 생각은 아무 근거가 없다. 사실 교회 안에서 활동했던 고대의 저술가들도 서로 종종 의견이 엇갈렸다. 그들은 종종 생각을 바꾸기도 하고, 전에 말했던 견해를 철회하기도 했다. 또한 그들은 어리석고 근거가 충분하지 않은 견해를 피력하기도 하고, 성경을 해설하면서 큰 무지를 드러내기도 했다. 그들이 오류로부터 자유롭기를 기대해 봤자 아무 소용이 없다. 초기 교부들이 아니라 오직 성경만이 무오하다.

둘째, 어떤 사람이 사역자라는 이유만으로 그의 견해를 무조건 믿어서는 안 된다. 베드로는 가장 중요한 사도 가운데 한 사람이었지만, 오류로부터 자유롭지는 않았다.

사람들은 항상 이런 잘못을 저질러 왔다. 초기 교회도 그런 잘못을 피하지 못했다. 사람들은 '사역자의 뜻에 어긋나는 일을 해서는 안 된다'는 생각에 얽매였다. 그러나 감독이나 사제, 부제가 다 무엇이란 말인가? 가장 훌륭한 사역자조차도 한갓 흙과 먼지에 불과한 인간이 아니겠는가? 그들도 우리와 똑같이 정욕과 온갖 연약함과 약점에서 자유롭지 못하며, 유혹 앞에서 무기력하지 않은가? 성경은 "그런즉 아볼로는 무엇이며 바울은 무엇이냐? 그들은 주께서 각각 주신 대로 너희로 하여금 믿게 한 사역자들이니라"(고전 3:5)라고 말하지 않는가?

감독들도 진리를 거부하고 거짓을 진실로 선언한 적이 많았다. 가장 큰 오류가 사역자들에게서 시작되었다. 대제사장 엘리의 아들 홉니와 비느하스는 온갖 악행을 저질러 이스라엘 백성의 빈축을 샀고(삼상 2:12-17,22 참고), 아론의 직계 후손인 안나스와 가야바는 주님을 십자가에 못 박아 죽였다(요 18:12-14,24 참고). 이단의 우두머리인 아리우스(Arius)도 사역자였다. '성직 안수를 받은 사람은 오류를 저지르지 않는다'는 생각은 터무니없다. 그들이 성경대로 가르친다면 따라야 하지만, 그렇지 않다면 따를 필요가 없다. 그들이 "기록되었으되"라고 하거나 "하나님께서 말씀하시기를"이라고 한다면 그 말을 믿어야 하지만, 성경을 벗어나는 말을 한다면 절대 믿어서는 안 된다. 사역자가 아니라 오직 성경만이 무오하다.

셋째, 어떤 사람이 학식이 높다는 이유만으로 그의 견해를 무조건 믿어서는 안 된다. 놀라운 은사를 받아 여러 나라의 방언을 말했던 베드로도 오류로부터 자유롭지는 못했다. 많은 사람들이 이 점에서 잘못을 저지른다. 중세 시대의 사람들이 대표적인 예이다. 사람들은 토마스 아퀴나스(Thomas Aquinas), 둔스 스코투스(Duns Scotus), 피터 롬바르드(Peter Lombard)를 비롯한 많은 스콜라주의 학자들을 성령의 영감을 받아서 말하는 사람인 양 우러러보았다. 사람들은 존경의 표시로 그들 중 몇 사람들에게는 특별한 별칭을 붙이기도 했다. 사람들은 '반박할 수 없는,' '천사 같은,' '타의 추종을 불허하는' 박사라는 표현을 사용했다. 사람들은 그들이 말하는 것이 무엇이든 사실이라고 생각했다.

그러나 성령의 가르침을 받지 못한다면, 높은 학식이 다 무슨 소용이 있겠는가? 모든 사역자 중에서 학식이 가장 높다고 한들, 오류에서 자유롭지 못한 아담의 타락한 후손에 불과하지 않은가? 책들에 관한 지식이 방대하더라도 하나님의 진리에는 무지한 경우가 얼마든지 있을 수 있다. 그런 일은 지금까지도 있어 왔고, 또 현재도 얼마든지 있을 수 있고, 앞으로도 항상 있을 것이다.

나는 두 권으로 된 로버트 맥체인의 전기와 설교가 오리게네스(Origenes)나 키푸리아누스(Cyprianus)가 쓴 그 어떤 책보다 사람들의 영혼에 더 많은 유익을 끼쳤다고 장담한다. 마지막 때가 오면, 헬라어와 라틴어에는 무지하고 아는 것이라곤 성경밖에 없는 사람이 쓴 『천로역정』 한 권이 스콜라주의 학자들이 쓴 책을 모두 합친 것보다 세상에 더 많은 유익을 주었다는 사실이 밝히 드러날 것이다.

물론 높은 학식은 무시해서는 안 될 은사이다. 교회 안에서 지식이 귀한 대접을 받지 못하는 것은 옳지 않다. 그러나 방대한 인간의 지식을 가지고 있으면서도 하나님의 은혜에 관해서는 아는 바가 없는 사람을 보면 참으로 어처구니가 없다. 지난 세기에 옥스퍼드에서 학문 활동을 했던 학자들은 웨슬리나 휫필드(Whitefield)나 베리지(Berridge)나 벤보다 히브리어, 헬라어, 라틴어를 훨씬 더 많이 알고 있었다. 그러나 그들은 그리스도의 복음에 대해서는 아는 바가 별로 없었다. 학식이 높은 사람이 아니라 오직 성경만이 무오하다.

넷째, 어떤 사역자가 아무리 경건하다고 해도 그의 견해를 무조건 믿고 따라서는 안 된다. 베드로는 많은 은혜를 받은 사람이었지만, 오류로부터 자유롭지는 못했다.

사역자가 하나님의 종으로서 충실하고, 설교와 실천의 면에서 모두에게 존경을 받을 만하다고 해서 그를 교황처럼 떠받들어서는 안 된다. 그의 말을 하나님의 말씀과 동등하게 받아들여서는 안 된다. 무분별한 칭찬으로 그를 우쭐하게 만들어, 자신은 절대 실수를 저지르지 않는다는 착각에 빠지게 해서는 안 된다. 그의 견해를 무조건 다 받아들여서는 안 된다. 그렇게 하면 결국 쓴맛을 보고 나서야 비로소 그도 잘못을 저지를 수 있다는 사실을 깨닫게 될 것이다.

성경은 유다 왕 요아스에 대해 "제사장 여호야다가 세상에 사는 모든 날에 요아스가 여호와 보시기에 정직하게 행하였으며"(대하 24:2)라고 말한다. 여호야다가 죽자 요아스의 신앙도 죽었다. 그런 식으로 사역자가 죽으면 우리의 신앙도 죽고, 사역자가 변하면 우리의 신앙도 변하고, 사역자가 타락하면 우리의 신앙도 타락할 수 있다. 인간 위에 세운 신앙에 결코 만족하지 말라. "우리 교회의 목회자가 나에게 그렇게 말했으니 나에게는 희망이 있어"라고 하면서 안심하지 말고, "성경에 그렇게 기록되어 있으니 나에게는 희망이 있어"라고 해야 한다.

굳건한 평화를 얻으려면, 모든 진리의 원천인 하나님의 말씀을 의지해야 한다. 지속적인 위로를 얻으려면, 생명의 샘에 나아가 자신의 영혼을 위해 신선한 물을 길어 올려야 한다. 사역자들도 진리를 떠날 수 있고, 유형 교회도 무너질 수 있다. 그러나 하나님의 말씀이 심령에 기록되어 있는 사람은 절대 무너지지 않는 토대 위에 굳건히 설 것이다. 물론 우리는 사역자를 그리스도의 충실한 종으로 존경해야 한다. 우리는 주어진 사역을 성실히 수행하는 목회자를 존중해야 한다. 그러나 경건한 사역자가 아니라 오직 성경만이 무오하다는 사실을 잊어서는 안 된다.

지금까지 한 말들을 반드시 기억하라. 이 말들을 명심하면, 안디옥 사건이 주는 교훈 가운데 한 가지를 깨달을 수 있다.

교회 안에서 복음의 진리를 수호하라

평화보다 복음의 진리를 수호하는 것이 더 중요하다

이번에는 안디옥 사건이 주는 두 번째 교훈을 살펴보자. 두 번째 교훈은 교회 안에서 복음의 진리를 수호하는 것이 평화를 유지하는 것보다 훨씬 더 중요하다는 것이다.

나는 평화와 일치의 가치를 바울 사도만큼 잘 아는 사람은 없다고 생각한다. 그는 고린도 신자들에게 관용의 정신을 가르쳤다. 그는 성경의 여러 곳에서 이렇게 말한다.

"서로 마음을 같이하며"(롬 12:16).

"너희끼리 화목하라"(살전 5:13).

"마음을 같이하여 같은 사랑을 가지고 뜻을 합하여 한마음을 품어"(빌 2:2).

"주의 종은 마땅히 다투지 아니하고"(딤후 2:24).

"몸이 하나요 성령도 한 분이시니 이와 같이 너희가 부르심의

한 소망 안에서 부르심을 받았느니라. 주도 한 분이시요 믿음도 하나요 세례도 하나요"(엡 4:4,5).

"내가 여러 사람에게 여러 모습이 된 것은 아무쪼록 몇 사람이라도 구원하고자 함이니"(고전 9:22).

이렇게 말했던 그가 안디옥에서는 어떻게 행동했는지를 보라. 그는 베드로를 대면하여 책망했다. 그는 베드로를 공공연히 꾸짖었다. 그는 그런 행동이 가져올 모든 위험을 기꺼이 감수했다. 그의 태도는 안디옥에 있는 교회의 원수들에게 좋은 빌미를 제공할 만했다. 더욱이 그는 그 일을 잊지 않고 영원히 기억하게 하기 위해 성경에 기록하기까지 했다. 그로 인해 복음이 전파되는 곳마다 모든 사람들이 잘못을 저지른 사도를 공식적으로 꾸짖은 일을 성경에서 읽고 알게 되었다.

바울은 왜 그렇게 행동했을까? 왜냐하면 그가 거짓 교리를 두려워했기 때문이다. 그는 작은 누룩이 밀가루 반죽 전체에 영향을 미친다는 사실을 잘 알고 있었다. 그래서 그는 평화를 잃는 것보다 진리를 잃는 것을 더 두려워해야 하며, 따라서 진리를 위해 힘써 싸워야 한다고 가르치고자 했다.

오늘날 우리는 바울의 행동을 반드시 본받아야 한다. 요즘 많은 사람들은 평온한 삶을 살아갈 수만 있다면, 신앙과 관련된 모든 문제를 용인한다. 그들은 자신들이 '논쟁'이라 일컫는 것을 끔찍하게 싫어한다. 그들은 자신들이 '당파심'이라고 일컫는 것을 극도로 두려워한다. 그러나 사실 그들은 그런 모호한 표현이 무슨 의미인지조차도 정확히 알지 못한다. 그저 그들은 평화를 유지하기에 급급하다. 그들은 설사 진리가 희생되더라도 모든 일이 순조롭게 흘러가기만을 바란다. 그들은 겉으로 평화와 질서가 유지되어 만사가 순조롭고 평온하기만 하면, 다른 것은 모두 포기해도 괜찮다는 듯한 태도를 취한다. 그런 태도는 엘리야를 "이스라엘을 괴롭게 하는 자"(왕상 18:17)로 생각했던 아합이나 예레미야의 입을 막기 위해 그를 감옥에 가둬 놓았던 유다의 방백들의 태도와 조금도 다를 바가 없다. 아마도 이런 사람들은 바울이 틀림없이 안디옥에서 경솔하고 무분별하게 행동했다고 생각할 것이다.

그러나 그것은 잘못된 생각이다. 우리는 아무것도 섞이지 않은 그리스도의 순수한 복음, 곧 사도들이 가르친 복음 외에 다른 것이 사람들의 영혼을 이롭게 하리라 기대해서는 안 된다. 교회 안에서 순수한 진리를 보존하기 위해서는, 평화가 깨지고 분쟁이 일어나고 분열의 위기가 닥치는 등 어떤 희생이 뒤따르더라도 기꺼이 감수해야 한다. 죄를 용납해서도 안 되고, 거짓 교리를 용납해서도 안 된다. 복음의 단순한 메시지를 더하거나 빼는 행위를 단호히 거부해야 한다.

바리새인들은 모세의 자리에 앉은 권위 있는 교사로 인정받았다. 그러나 주 예수 그리스도께서는 진리를 위해 그들을 엄히 책망하셨다. 주님은 "화 있을진저 외식하는 서기관들과 바리새인들이여"라고 말씀하셨으며, 마태복음 23장에서는 이런 표현을 무려 여덟 번이나 사용하셨다. 감히 누가 주님이 잘못하셨다고 비난할 수 있겠는가?

바울은 진리를 위해 형제인 베드로를 엄히 책망했다. 순수한 교리가 훼손된다면 화합이 다 무슨 소용이 있겠는가? 감히 누가 바울이 잘못했다고 비난할 수 있겠는가?

아타나시우스(Athanasius)는 진리를 위해, 곧 그리스도의 신성에 관한 순수한 교리를 지키기 위해 세상에 맞서 당시의 많은 교회들과 논쟁하는 것을 마다하지 않았다. 감히 누가 그가 잘못했다고 비난할 수 있겠는가?

루터는 진리를 위해 자신이 몸담고 있는 교회의 단합을 깨뜨리고, 교황과 그의 행위를 엄중히 비판함으로써 새로운 개혁의 기틀을 마련했다. 감히 누가 루터가 잘못했다고 말할 수 있겠는가?

크랜머와 리들리와 래티머 같은 영국의 개혁자들은 진리를 위해 헨리 8세와 에드워드 6세에게 로마 교회와 관계를 끊고 분열의 길을 선택하라고 직언했다. 감히 누가 그들이 잘못했다고 말할 수 있겠는가?

100년 전에 휫필드와 웨슬리는 진리를 위해 당시의 무기력한 도덕적 설교를 비판하고, 출교당할 것을 뻔히 알면서도 영혼들을 구원하기 위해 거리와 골목으로 나갔다. 감히 누가 그들이 잘못했다고 말할 수 있겠는가?

그렇다. 진리 없는 평화는 거짓 평화이며, 마귀의 평화일 뿐이다. 복음 없는 화합은 가치 없는 화합이요, 그런 화합은 지옥의 화합일 뿐이다. 그런 화합을 좋은 것인 양 내세우는 사람들에게 미혹되어서는 안 된다.

"내가 세상에 화평을 주러 온 줄로 생각하지 말라. 화평이 아니요 검을 주러 왔노라"(마 10:34).

주 예수 그리스도의 이 말씀을 잊지 말라. 주님은 에베소교회를 칭찬하시면서 "악한 자들을 용납하지 아니한 것과 자칭 사도라 하되 아닌 자들을 시험하여 그의 거짓된 것을 네가 드러낸 것과……게으르지 아니한 것을 아노라"(계 2:2,3)라고 말씀하셨고, 두아디라교회를 책망하시면서 "자칭 선지자라 하는 여자 이세벨을 네가 용납함이니"(계 2:20)라고 말씀하셨다.

평화라는 제단 위에 진리를 조금이라도 희생시켜서는 안 된다. 절대 그런 죄를 짓지 않도록 주의하라. 유대인들은 구약성경의 사본에서 잘못된 글자가 하나라도 발견되면 그 사본 전체를 불살랐다. 우리는 성경의 일점일획이라도 잘못되게 하지 않으려는 그들의 태도를 본받아야 한다. 그리스도의 온전한 복음에 미치지 못하는 것은 그 무엇이라도 받아들여서는 안 된다.

교회의 예배와 설교가 복음 진리에 부합하는지 주의를 기울이라

지금까지 내가 설명한 일반 원리들을 실제로 적용하려면 어떻게 해야 할까? 나는 독자들에게 간단히 한 가지만 조언하고자 한다. 이 조언을 진지하게 고려하라.

자신의 영혼을 사랑하는 사람은 자신이 정기적으로 참석하는 예배와 설교에 깊은 주의를 기울여야 한다. 분명히 건전하지 못한 사역이 이루어지고 있는데도 굳이 그런 곳에서 신앙생활을 한다면, 그처럼 지혜롭지 못한 처사는 없을 것이다. 나는 이 문제에 대해 말하기를 조금도 주저하지 않는다. 많은 사람들은 자기 교구 교회를 버리는 것을 큰 잘못으로 생각한다. 그러나 내 생각은 다르다. 나는 결함이 있는 가르침과 완전히 잘못된 가르침을 엄정하게 구분하고 싶다. 다시 말해, 소극적인 차원에서 약간 실수하는 것과 성경에 어긋나는 잘못을 노골적으로 저지르는 것은 매우 다르다. 만일 교구 교회에서 거짓 교리를 공공연히 설파한다면, 자기 영혼을 사랑하는 교구민은 그 교회에 출석하지 않을 권리가 있다.

해마다 52주 동안 잘못된 설교를 듣는다는 것은 참으로 심각한 문제가 아닐 수 없다. 그것은 생각 속에 해로운 독소를 천천히 주입하는 것과 같다. 그런 설교를 일부러 귀담아듣는다면, 해를 입을 것이 불을 보듯 뻔하다. 신약성경은 "범사에 헤아려 좋은 것을 취하고"(살전 5:21)라고 당부한다. 구약성경도 "지식의 말씀에서 떠나게 하는 교훈을 듣지 말지니라"(잠 19:27)라고 명령한다. 이는 교회에서 잘못된 교리가 공공연히 전파되는 경우에는 그 교회의 예배에 참석하는 것을 중단해도 괜찮다는 뜻이 분명하다.

교구 교회에 출석하는 것이 영국인의 구원에 반드시 필요하다고 말하는 사람이 있는가?[3] 그런 사람이 있다면, 자기 이름

---

3) 역자주 - 다음 몇 쪽의 내용은 국교회의 상황과 직접적으로 관련된다. 그러나 라일이 설명하는 바 '교파에 대한 충성심이 진리에 대한 충성심보다 우선해서는 안 된다'는 원리는 비국교도들에게도 똑같이 유익하게 적용될 수 있다.

을 떳떳이 밝히고 분명히 말해 보라. 회개나 그리스도를 믿는 믿음 없이 죽더라도 교구 교회에 출석하기만 한다면 영혼이 구원받을 수 있다고 말하는 사람이 있는가? 그런 사람이 있다면, 자기 이름을 떳떳이 밝히고 분명히 말해 보라. 그리스도, 회개, 믿음에 관한 교리를 전혀 언급하지 않고, 또 그런 교리를 올바로 설명하지 않더라도 교구 교회에 나가기만 하면 저절로 그런 교리를 배울 수 있다고 말하는 사람이 있는가? 그런 사람이 있다면, 자기 이름을 떳떳이 밝히고 분명히 말해 보라.

죄를 뉘우치고 그리스도를 믿고 회심하여 거룩해졌는데도, 교구 교회를 버리고 다른 곳에서 신앙의 가르침을 받았기 때문에 영혼이 구원받지 못할 것이라고 말하는 사람이 있는가? 그런 사람이 있다면, 떳떳이 이름을 밝히고 분명히 말해 보라. 나는 그런 괴상하고 터무니없는 생각을 혐오한다. 그런 생각을 뒷받침하는 구절은 성경 어디에도 없다. 사실 의도적으로 그런 생각을 내세울 사람은 극소수에 지나지 않을 것이 분명하다.

영국의 교구 교회 가운데는 신앙에 관한 가르침이 로마 가톨릭교회에 비해 조금도 낫지 않은 곳이 더러 있다. 과연 그런 교회의 교구민들은 가만히 앉아 만족하면서 그런 가르침을 묵묵히 받아들여야 할까? 그래서는 안 된다. 바울 사도처럼 그들도 평화보다는 진리를 더 중시해야 한다.

영국의 교구 교회 가운데는 신앙에 관한 가르침이 도덕주의자들에 비해 조금도 낫지 않은 곳이 더러 있다. 그런 교회들은 기독교의 독특한 교리들을 분명하게 가르치지 않는다. 플라톤(Platon)이나 세네카(Seneca), 공자(孔子)나 소시누스(Socinus)도 그 정도는 얼마든지 가르칠 수 있다. 과연 그런 교회의 교구민들이 가만히 앉아 만족하면서 그런 가르침을 묵묵히 받아들여야 할까? 그래서는 안 된다. 바울처럼 그들도 평화보다는 진리를 더 중시해야 한다.

나는 지금 매우 강한 어조로 이 주제를 다루고 있다. 이 문제는 매우 민감하다. 지금 나는 많은 사람들이 손대기를 꺼려하며 침묵하고 넘어가기를 원하는 문제를 다루고 있다. 이런 문제를 언급하는 이유는 목회자인 내가 속해 있는 교회에 대한 의무감 때문이다. 오늘날의 상황과 영국 여러 곳에 있는 평신도의 입장을 고려하면, 이런 문제를 솔직하게 논하지 않을 수 없다. 많은 교구에서 무지 때문에 영혼들이 죽어 가고 있다. 정직한 신자들이 곳곳에서 혐오감과 당혹스러움을 표출하고 있다. 따라서 지금은 듣기 좋은 말을 할 때가 아니다. 나는 '교구 제도, 질서, 분열, 분쟁, 단합, 논쟁'과 같은 체제지향적인 표현들이 일부 사람들에게 침묵을 강요하는 재갈과 같은 역할을 한다는 것을 잘 알고 있다. 나는 그런 표현들에 관해 곰곰이 생각해 보았다. 그리고 이제 그런 표현들에 관해 내 생각을 솔직히 말하려고 한다.

첫째, 영국의 교구 제도는 이론상으로는 매우 훌륭하다. 경건한 사역자들이 그 체제를 운영하고 이끈다면, 분명히 온 나라에 큰 복이 임할 것이다. 그러나 교구 교회의 사역자가 복음에 무지하거나 세상을 사랑한다면, 교구 교회에 애착심을 가져봤자 아무 소용이 없다. 그런 경우에는 교구민들이 교구 교회를 버리고 진리를 배울 수 있는 곳을 찾아 나선다고 해도 조금도 놀랄 필요가 없다. 교구 교회의 사역자가 복음을 전하지도 않고 실천하지도 않는다면, 그에게는 더 이상 교구민들에게 관심을 촉구하거나 자신의 말에 귀를 기울이라고 요구할 권리가 없다. 한 가정의 가장이 교구의 질서를 위해 자신이나 가족의 영혼을 위태롭게 내버려 둘 수는 없는 일이다. 성경에서는 교구에 관해 단 한 마디도 언급하지 않는다. 마지막 순간에 "나는 항상 교구 교회에 출석했습니다"라고 고백하도록 하기 위해 사람들에게 무지 속에서 살다가 죽으라고 요구할 권리가 우리에게는 없다.

둘째, '분열과 분리'는 신앙의 영역에서 가장 혐오스런 행위로 취급된다. 분열과 분리는 참된 기독교의 대의를 약화할 뿐만 아니라 경건하지 못한 원수들에게 하나님을 모독하는 빌미를 제공한다. 그러나 분열과 분리를 획책한다고 사람들을 비난하기 전에 먼저 그런 비난이 과연 타당한지를 점검해야 한다. 거짓 교리와 이단이 분열보다 훨씬 더 심각한 문제이다. 사람들이 성경에 어긋나는 거짓 교리를 노골적으로 가르치는 곳을 떠난다면, 그들을 책망하는 것이 아니라 오히려 칭찬해야 한다. 그런 분열은 죄가 아니라 미덕이다.

'귀가 가려운' 사람들이나(딤후 4:3 참고) '흥분하기를 좋아하는' 사람들을 미혹하기는 쉽다. 그러나 성경에 충실한 사람들을 설득하기는 결코 쉽지 않다. 조금만 노력하면 얼마든지 진리를 배울 수 있는데도 매주 거짓 교리를 배우는 것이 그들의 의무인 양 그들을 설득할 수는 없다. "분열의 원인을 제공하는 사람이 바로 분리주의자이다"라는 옛말을 결코 잊어서는 안 된다.

셋째, 신자들이 화합과 평화와 질서를 누리는 것은 큰 복이다. 이런 요인들이 기독교 사역을 더욱 아름답고 강하고 효율적으로 만든다. 그러나 아무리 귀한 보화라도 너무 값비싼 희생을 치러서는 안 된다. 진리를 희생시켜 얻는 화합은 아무런 가치가 없다. 하나님은 그런 화합을 기뻐하시지 않는다.

로마 가톨릭교회는 교회의 일치를 매우 자랑하지만, 사실 그들의 일치는 일치라고 부르기조차도 민망하다. 그들의 일치는 사람들에게서 성경을 빼앗고, 개인의 판단을 엄격히 금하고, 무지를 장려하고, 스스로 생각하지 못하게 만들어 얻어 낸 결과물일 뿐이다. 사실 로마 가톨릭교회는 모든 것을 초토화시켜 폐허로 만들어 놓고는 그것을 평화라고 일컬었던 고대 제국의 군대와 다름없다. 무덤가에는 고요한 정적이 흐르지만, 그것은 생명의 고요함이 아니라 죽음의 고요함이다. 거짓 선지자들도 평화가 없을 때 "평화"를 외쳤다.

넷째, 신앙의 영역에서 논쟁은 불필요한 것으로 여겨진다. 물론 우리의 진영 안에서 의견의 차이가 없어야만 마귀와 세상과 육신에 맞서 싸우기가 용이하다. 그러나 논쟁보다 훨씬 더 나쁜 것이 있다. 그것은 바로 아무런 항변이나 비판 없이 거짓 교리를 관용하고 용납하고 허용하는 것이다. 논쟁은 종교개혁을 승리로 이끈 요인이었다. 당시 사람들이 주장하는 견해가 옳았다면, 종교개혁은 일어나지 않았을 것이다. 오직 평화만을 원했다면, 지금도 동정녀 마리아를 경배하고, 형상과 유골에 머리를 조아려야 했을 것이다. 더 말하지 않아도 알 것이다. 논쟁이 의무일 뿐만 아니라 복인 때가 있다. 괴로운 전염병보다는 거센 폭풍우가 차라리 낫다. 전자는 어둠 속에서 은밀하게 우리를 해치지만, 후자는 잠시 우리를 깜짝 놀라게 만들 뿐이다. 잠시 후에는 폭풍우가 그치고 하늘이 맑게 갠다. "성도에게 단번에 주신 믿음의 도를 위하여 힘써 싸우라"(유 1:3)는 것이 성경이 요구하는 의무이다.

  나는 많은 사람들이 내가 하는 말을 극도로 싫어한다는 사실을 잘 알고 있다. 많은 사람들이 온전한 진리가 아닌 것을 가르치는 것으로 만족하면서 결국 모든 것이 똑같을 것이라고 착각한다. 그들에게는 미안한 말이지만, 온전한 진리가 아닌 것은 영혼들을 유익하게 할 수 없다. 온전한 진리가 아닌 것에 안주하는 사람의 영혼은 결국 큰 해를 당하게 될 것이다. 인간이 가볍게 생각해서는 안 되는 것이 세 가지 있는데, 바로 '소량의 독, 별것 아닌 것처럼 보이는 거짓 교리, 죄'이다.

  누군가 지금까지 내가 한 말과 똑같이 말한다면, 많은 사람들이 "그는 목회자가 아니다"라고 말할 것이다. 그러나 나는 그런 비난에도 흔들리지 않을 것이다. 심판 날이 이르면, 누가 친구이고, 누가 친구가 아닌지가 분명히 드러날 것이다.

지난 32년 동안, 나는 회개하지 않은 사람들을 그대로 방치한 채 누구의 비위도 거스르지 않고 아무런 덕도 세우지 못하는 설교를 하면서 조용히 살아가는 사람이 많은 사람들로부터 "훌륭한 목회자"라는 칭찬을 듣는다는 것을 알게 되었다. 반면 신조와 설교집을 열심히 연구하고, 영혼들의 회심을 위해 부지런히 힘쓰고, 종교개혁의 위대한 원리들을 굳게 지키고, 교황주의를 충실하게 논박하고, 쥬얼이나 래티머처럼 말씀을 전하는 사람은 목회자가 아니라 선동자요 "이스라엘을 괴롭게 하는 자"(왕상 18:17)라는 말을 들을 가능성이 크다는 것도 알게 되었다.

그러나 나는 목회자다운 태도를 매우 강조하는 사람일수록 훌륭한 목회자와는 거리가 멀다고 분명히 말할 수 있다. 유다의 여왕 아달랴는 그 누구보다도 큰 소리로 "반역이로다"(왕하 11:14)라고 소리쳤다. 그러나 그녀 자신이 바로 반역자였다. 나는 목회자다운 태도에 관해 힘주어 말하던 사람들이 결국 국교회를 버리고 로마 가톨릭교회로 옮겨 가는 것을 많이 보았다. 사람들은 자신이 하고 싶어하는 바를 말로 한다. 기독교회의 가장 진실한 친구는 믿음을 보존하기 위해 열심히 수고하는 사람이다.

이것이 내가 독자들에게 강조하고 싶은 점이다. 내가 한 말에 모두 진지하게 관심을 기울여 주기를 바란다. 교회를 위해 진리가 평화보다 더 중요하다는 사실을 잊지 말기를 바란다. 내가 제시한 원리들을 기꺼이 실천하고, 필요하다면 진리를 위해 힘써 싸울 수 있기를 바란다. 그렇게 한다면, 안디옥 사건이 주는 교훈을 배우게 될 것이다.

믿음으로 의롭다하심을 받는다(이신칭의)

이번에는 안디옥 사건이 주는 세 번째 교훈을 생각해 보자. 세 번째 교훈은, 율법의 행위가 아니라 믿음으로 의롭다하심을 받는다는 교리를 다른 어떤 교리보다 더욱 굳게 사수해야 한다는 것이다.

이 교훈이 중요한 이유가 갈라디아서 2장 11-16절에 가장 잘 드러나 있다. 베드로가 안디옥에서 신앙조항을 하나라도 어긴 적이 있는가? 없다. 그가 거짓 교리를 공공연히 가르쳤는가? 그렇지 않다. 그렇다면 그는 무슨 일을 했는가? 그는 '이방인들이 복음으로 말미암아 그리스도 예수 안에서 함께 상속자가 되고 함께 지체가 되고 함께 약속에 참여하는 자가 된다'(엡

3:6 참고)는 사실을 믿고서 그들과 스스럼없이 어울리다가, 어느 날 갑자기 그들을 피하며 뒷걸음쳤다. 그는 이방인들이 하나님 앞에서 할례 받은 유대인들보다 덜 거룩하고 덜 의롭다고 생각하는 듯 행동했다. 그의 태도는 믿는 이방인들이 모세의 율법이 가르치는 의식법을 지키는 사람들에 비해 열등하다는 인상을 심어 주었다. 한마디로, 그는 예수 그리스도를 믿는 단순한 믿음에 다른 것을 더하는 잘못을 저질렀다. 마치 "구원받으려면 어떻게 해야 합니까?"라는 질문에 "주 예수 그리스도를 믿으라"라고 대답하지 않고, "주 예수 그리스도를 믿고, 할례를 받고, 의식법을 지키라"라고 대답하는 격이었다.

바울 사도는 베드로의 그런 태도를 잠시도 용납할 수 없었다. 그리스도의 복음에 무엇을 더하는 것만큼 그를 격분하게 만드는 것은 없었다. 그는 "내가 그를 대면하여 책망하였노라"(갈 2:11)라고 말했다. 그는 베드로를 책망했을 뿐만 아니라 그 사실을 성령의 영감을 받아 갈라디아 신자들에게 보낸 편지에 명확히 기록했다.

바로 이 점에 특별히 유념하기를 바란다. 바울 사도가 이 교리에 얼마나 큰 관심을 기울였는지, 또 그런 사태가 빚어진 원인이 무엇인지를 잘 생각해 보기를 바란다. 갈라디아서 말씀은 율법의 행위가 아니라 믿음으로 의롭다하심을 받는다는 교리가 얼마나 중요한지를 새삼 일깨워 준다. 그래서 국교회의 개혁자들은 열한 번째 신조에서 이신칭의(以信稱義)를 "가장 건전하고도 위로가 충만한 교리"라고 일컫는다.

첫째, 이신칭의는 우리의 위로를 위해 반드시 필요한 교리이다. 예수 그리스도를 믿는 믿음으로 구원을 얻기 전에는 이 세상 어느 누구도 하나님의 참자녀가 되어 영혼 구원에 이를 수 없다. "우리의 행위나 자격이 아니라 믿음으로 주 예수 그리스도의 공로를 의지함으로 말미암아 하나님 앞에서 의롭다하심을 받는다"는 교리를 온 마음으로 받아들이기 전에는 그 누구도 굳건한 평화와 참된 확신에 이를 수 없다. 이 시대의 많은 신자들이 위로나 평화를 느끼지 못하고 이리저리 흔들리는 원인 가운데 하나가 이 교리에 무지하다는 것이다. 그들은 율법의 행위가 아니라 믿음으로 의롭다하심을 받는다는 사실을 올바로 이해하지 못한다.

둘째, 이신칭의는 영혼의 원수가 증오하며 없애려고 노력하는 교리이다. 영혼의 원수는 이신칭의 교리가 복음이 처음 전파되기 시작한 사도 시대에 온 세상을 뒤집어엎었다는 사실을 잘 알고 있다. 그는 이신칭의 교리가 종교개혁이 일어난 당시

온 세상을 뒤집어엎었다는 사실도 잘 알고 있다. 따라서 그는 항상 사람들을 부추겨 이신칭의 교리를 거부하게 만들려고 노력한다. 그는 교회와 사역자들을 유혹해 이 진리를 부인하거나 모호하게 만들려고 애쓴다.

트렌트 공의회가 이 교리를 집중적으로 공격해 그것을 저주받은 이단 사설로 선언한 것은 조금도 놀랄 일이 아니다. 오늘날 학식이 높다고 자부하는 사람들 중에도 이 교리를 신학적 사변(思辨)으로 치부하고, 믿음이 있든 없든 '생각이 진지한 사람'이 모두 그리스도를 통해 의롭다하심을 받는다고 주장하는 사람이 많은 것도 전혀 놀랄 일이 아니다. 이 교리는 회개하지 않은 심령들에게는 쑥과 담즙처럼 쓰디쓸 뿐이다. 이 교리는 깨어난 영혼의 욕구를 만족시키지만, 자신의 죄와 연약함을 깨닫지 못하는 사람들은 이 진리를 받아들이지 못한다.

셋째, 로마 가톨릭교회의 교리 중 절반은 이신칭의 교리를 인정하지 않는 데서 비롯된다. 교황주의가 신봉하는 비성경적인 교리 중 절반은 이신칭의 교리를 거부하는 데 그 원인이 있다. 로마 가톨릭교회에 충실한 교사는 구원을 바라는 죄인에게 "주 예수를 믿으시오. 그리하면 구원받을 것이오"라고 말할 수 없다. 그는 거기에 복음의 좋은 소식을 훼손하는 무엇인가를 더하고, 설명을 덧붙여야 한다. 그는 복음의 효력을 약하게 만드는 어떤 것을 더하거나 그 능력을 무력하게 만드는 일을 하지 않고서 복음이라는 치료제를 순수하게 제공할 수가 없다. 연옥(煉獄)과 고행, 사제의 사면과 성인의 중보, 동정녀 숭배를 비롯한 여러 가지 교황주의 교리가 여기에서 비롯되었다. 그런 교리들은 모두 썩은 나무 기둥과 같아서 지친 양심을 지탱할 수 없다. 이신칭의 교리를 부정하면 그런 교리가 필요할 수밖에 없다.

넷째, 이신칭의 교리는 교구민을 대상으로 하는 목회자의 사역을 성공으로 이끄는 비결이다. 많은 사람들이 이 점을 이해하지 못하는 탓에 스스로 실패를 초래한다. 이신칭의 교리를 확실하게 가르치지 않는다면, 사람들의 영혼을 유익하게 하려는 뜨거운 열정이 있다고 할 수 없다. 목회자의 설교가 아무리 훌륭하고 만족스럽다고 해도, 그가 그리스도와 성례를 통한 그분과의 연합과 자기 부인과 겸손과 자선과 같은 중요한 진리를 아무리 많이 언급한다고 해도, 율법의 행위가 아니라 믿음으로 의롭다하심을 받는다는 교리를 불확실하게 전한다면, 아무 유익도 줄 수 없다.

다섯째, 이신칭의는 교회의 번영에 반드시 필요한 교리이다.

이 교리를 분명하게 제시하지 않는 교회는 건강한 상태를 유지할 수 없다. 예배 형식도 훌륭하고, 목회자도 정식으로 교육을 잘 받은 사람이고, 성례도 올바르게 거행되는 교회라 하더라도 이신칭의 교리를 분명하게 전하지 않는다면, 그 교회의 강단 아래서 영혼들이 회심하는 역사가 일어나기는 매우 어려울 것이다. 모든 교구마다 학교가 있고 나라 곳곳에 예배당이 세워져 있지만, 강단에서 이신칭의 교리가 올바로 선포되지 않는다면, 하나님의 복이 교회 위에 임하지 않을 것이다. 하나님께서는 그런 교회의 촛대를 조만간 옮기실 것이다.

아프리카와 동방의 교회가 지금과 같은 상태로 전락한 이유가 무엇일까? 감독이 없었는가? 아니다. 예배 형식과 예전이 없었는가? 아니다. 총회나 공의회가 없었는가? 아니다. 그들은 믿음으로 의롭다하심을 받는다는 교리를 외면했다. 그들이 지금과 같이 무너진 이유는 그 강력한 교리를 잊었기 때문이다.

지난 세기에 우리 국교회는 크게 발전하지 못한 반면 독립교회와 감리교회와 침례교회는 매우 번성했다. 그 이유가 무엇일까? 그들의 체계가 우리보다 더 낫기 때문일까? 아니다. 우리 국교회가 잃어버린 영혼들의 필요를 채워 주기에 적합하지 못하기 때문일까? 아니다. 차이가 있다면, 그 교회의 사역자들은 이신칭의 교리를 전했고, 우리 교회의 사역자들은 대부분 그 교리를 전하지 않았다는 것뿐이다.

오늘날 왜 그렇게 많은 영국인들이 교회를 멀리하는 것일까? 왜 웅장한 고딕 양식의 예배당들이 7월의 곡간처럼 텅텅 비고, 평범한 벽돌로 지은 작은 예배 처소에는 사람들이 북새통을 이루는 것일까? 요즘 사람들이 감독 제도와 기도서와 중백의(中白衣)와 국교회를 싫어하는 성향이 있기 때문일까? 절대 그렇지 않다. 그 이유는 간단하다. 즉, 사람들은 이신칭의 교리를 온전히 전하지 않는 설교를 원하지 않는다. 사람들이 다른 교회에 찾아가는 이유는 교구 교회에서 이신칭의에 관한 설교를 들을 수 없기 때문이다. 물론 예외도 있다. 어떤 경우는 사역자가 너무나 오랫동안 태만하게 행동한 탓에 사람들이 철저히 염증을 느꼈을 수도 있다. 그런 사람들은 사역자가 전하는 진리에는 아예 귀를 기울이려고 하지 않을 것이 틀림없다. 그러나 국교회의 교구 교회는 텅 비어 있고 다른 개신교 교회의 예배당에는 사람들이 가득하다면, 곰곰이 생각해 보라. 거기에는 대부분 한 가지 이유가 있다는 사실을 알게 될 것이다.

이신칭의가 이렇게 중요하다면, 바울이 베드로를 대면해 책망하면서까지 진리를 지키려고 노력했던 것은 매우 당연한 일이다. 그는 어떤 희생이 뒤따르더라도 그리스도의 교회 안에서 이신칭의 교리가 위태롭게 되는 것만은 막으려고 노력했다. 그는 예언자적 안목으로 장차 다가올 일을 내다보았다. 그는 우리 모두에게 마땅히 따라야 할 본보기를 남겨 주었다. 다른 것은 혹시 용납할지언정, 율법의 행위가 아니라 믿음으로 의롭다 하심을 받는다는 이 복된 교리는 절대 훼손해서는 안 된다.

직접적으로든 간접적으로든 이신칭의 교리를 모호하게 만드는 가르침을 전하지 않도록 항상 주의하라. 무거운 짐을 진 죄인과 예수 그리스도 사이에 단순한 믿음 외에 다른 것을 끼워 넣는 신앙 체계는 무엇이든 성경을 거스르는 위험한 체계이다. 어린아이 같은 단순한 믿음(이 믿음은 의사에게서 영혼의 치료약을 받아 쥐는 손과 같다) 외에 다른 것을 보태 믿음을 복잡하게 만드는 체계는 모두 해롭고 안전하지 못한 체계이다. 로마 가톨릭교회의 속박을 깨뜨린 단순한 개신교의 교리를 불신하는 체계는 무엇이든 전염병처럼 영혼들을 해친다.

'세례'는 그리스도께서 친히 제정하신 성례이다. 신자들은 세례를 존중하고 활용해야 한다. 세례를 올바르고 합당하게 믿음으로 활용하면, 영혼에 큰 복을 가져오는 수단이 될 수 있다. 그러나 세례를 받으면 당연히 거듭난다고 가르치거나 세례를 받은 사람을 모두 "하나님의 자녀"로 일컫는다면, 영혼들을 큰 위험에 빠뜨리는 결과를 낳을 수밖에 없다. 세례를 그런 식으로 가르치는 것은 믿음으로 의롭다하심을 받는다는 교리를 뒤집어엎는 것이다. 예수 그리스도를 믿는 믿음을 가진 사람들만이 하나님의 자녀이다. 모든 사람들이 다 그런 믿음을 갖는 것은 아니다.

'성만찬'도 그리스도께서 친히 제정하신 성례이다. 성찬식의 목적은 참신자의 덕을 세우고, 새로운 활력을 제공하는 것이다. 그러나 믿음이 있든 없든 모두가 성만찬에 참여해야 한다고 가르친다면, 즉 떡과 포도주를 받는 모든 사람이 똑같이 그리스도의 살과 피를 받는다고 가르친다면, 사람들의 영혼을 매우 위태롭게 할 것이다. 그런 가르침은 믿음으로 의롭다하심을 받는다는 교리를 훼손한다. 의롭다하심을 받은 자 외에는 그 누구도 그리스도의 살과 피를 먹고 마실 수 없으며, 믿기 전에는 아무도 의롭다하심을 받을 수 없다.

국교회의 교인이 되는 것은 큰 특권이다. 내가 생각하기에, 올바르게만 운영된다면 이 세상의 유형 교회 중 국교회만큼 교인들에게 많은 유익을 안겨 주는 교회도 없을 것이다. 그러나 국교회의 교인이기 때문에 당연히 그리스도의 지체가 된다고 가르친다면, 사람들의 영혼을 큰 위험에 빠뜨리는 것이다. 그런 가르침은 믿음으로 의롭다하심을 받는다는 교리를 뒤집어엎는다. 오직 믿는 사람만이 그리스도와 연합할 수 있다. 모든 사람들이 다 그런 믿음을 갖는 것은 아니다.

이신칭의 교리를 거스르거나 모호하게 만드는 가르침을 듣는다면, 그 신앙 체계의 어딘가에 매우 중요한 결함이 발생했다고 생각하라. 경각심을 잔뜩 곤두세우고 그런 가르침을 경계하라. 이신칭의 교리가 잘못되면, 위로도, 평화도, 소망도, 확신도, 모두 사라지고 만다. 이신칭의 교리에 관해 잘못을 저지르는 것은 벌레가 나무의 뿌리를 갉아먹는 상황과 같다.

적용

하나님의 말씀에 대한 철저한 지식을 쌓으라

이 글을 읽는 모든 사람들이여, 하나님의 말씀에 대해 철저한 지식을 쌓으라. 성경을 모르면 거짓 교사들에게 휘둘릴 수밖에 없다. 또한 베드로의 실수를 통해 교훈을 얻을 수도 없고, 용기 있는 바울의 충실한 태도를 본받을 수도 없다. 무지한 평신도는 교회를 늘 위태롭게 만든다. 그러나 성경을 읽는 평신도는 교회를 파멸에서 건져 낸다. 열심히 기도하며 날마다 규칙적으로 성경을 읽고, 그 내용에 익숙해지라. 성경에 없는 것이나 성경이 지지하지 않는 것은 무엇이든 믿지도, 따르지도, 받아들이지도 말라. 기록된 하나님의 말씀을 믿음의 규칙이요 모든 가르침의 시금석으로 삼으라.

'39개 신앙조항'에 정통하라

국교회의 교인이라면 누구든 '39개 신앙조항'에 정통하라. 39개 신앙조항은 대개 '공동 기도서' 맨 뒤에 실려 있다. 주의 깊게 읽으면 많은 유익을 얻을 것이다. 39개 신앙조항은 성경 다음으로 사역자의 태도를 시험할 수 있는 참된 잣대이다. 사역자의 가르침이 국교회의 가르침에 부합하는지를 알고 싶을 때는 39개 신앙조항에 비춰 보면 된다.

참으로 개탄스럽게도 국교회의 사역자로 활동하는 사람들 가운데 기독교의 체계적인 진리에 무지한 사람들이 많다. 어셔(Usher) 대주교의 『교의학』(*Body of Divinity*)과 같은 책들이 지금보다 더 많이 알려져 읽힌다면 참으로 좋을 것이다. 또한 노웰(Nowell) 감독의 교리문답이 국교회의 교리지침서로 정식으로 인정되었더라면, 지난 20년 동안 등장한 많은 이단 사설이 단 하루도 살아남지 못했을 것이다.[4] 그러나 불행히도 자신이 속한 교파가 믿는 참된 교리를 이교도나 이슬람교도들보다 더 많이 알지 못하는 사람들이 너무나 많다. 국교회의 교인들이 자신이 속한 교회가 무엇을 참교리로 믿는지를 알지 못한다면, 그들에게 올바른 교리를 위해 힘써 싸우기를 기대할 수는 없을 것이다.

그리스도를 믿는 믿음을 위해 기꺼이 싸우라

이 글을 읽는 모든 사람들이여, 필요하다면 언제든지 그리스도를 믿는 믿음을 위해 기꺼이 싸우라. 물론 논쟁을 일삼는 사람이 되라고 권하고 싶은 마음은 조금도 없다. 나는 사람들이 골리앗처럼 "나와 싸울 사람은 나오라"라고 외치기를 원하지 않는다. 논쟁을 일으키는 것은 결코 달갑지 않은 일이다. 그것은 마치 마른 뼈다귀를 물어뜯는 것과 같다. 그러나 필요할 때에도 거짓 교리에 단호히 맞서 참된 교리를 옹호하지 않고, 거짓 평화에 도취되어서는 안 된다. 강단에서도 참복음이

---

4) 노웰 감독은 1562년에 개최된 사역자 회의를 주관했던 인물이다. 그 회의를 통해 '39개 신앙조항'이 지금의 형태로 완성되었으며, 당시의 회의에서 그의 교리문답이 인정되었다.

전파되고, 신앙의 모임에서도 참복음을 사수하고, 우리가 읽는 책에도 참복음이 들어 있고, 우리가 어울리는 친구들과도 참복음을 나누는 것을 목표로 삼으라. 사람들에게 그런 모습과 태도를 보여 주는 것을 부끄러워하지 말라.

자신의 마음을 성찰하라

오늘날처럼 논란이 많은 시대에 자신의 마음을 성찰하는 일에 깊은 주의를 기울이라. 그 일이 그 어느 때보다 더 절실히 필요하다. 치열한 싸움을 하는 동안에는 우리의 속사람을 잊을 가능성이 높다. 논쟁에서 승리한다고 해서 그것이 항상 세상이나 마귀에 대한 승리로 이어지는 것은 아니다. 베드로를 책망한 바울의 용기 있는 태도를 본받는 만큼, 그 책망을 기꺼이 받아들인 베드로의 겸손한 태도도 본받아야 한다. 자신을 충실히 책망하는 사람을 "사랑하는 형제"(벧후 3:15)라고 일컬을 수 있는 신자가 참으로 복되다. 대화하는 태도는 물론, 특히 우리의 성품을 항상 거룩하게 유지하려고 노력하라. 성부와 성자 하나님과 끊임없이 교제하고, 혼자 기도하고 성경을 읽는 습관을 항상 유지하려고 노력하라. 그래야만 삶을 위한 싸움에 대비할 수 있고, 시험이 다가올 때 우리의 손에 잘 맞는 성령의 검을 준비할 수 있다.

교회를 위해 날마다 기도하라

참된 기도가 무엇인지를 알고 있는 모든 신자들이여, 자신이 속해 있는 교회를 위해 날마다 기도하라. 촛대를 옮기시지 말고 교회 위에 성령을 부어 달라고 기도하라. 복음이 전파되지 않은 교구들을 위해 기도하라. 어둠이 물러가고 참빛이 그곳을 환히 비추기를 간절히 구하라. 진리를 알지도 못하고 전하지도 못하는 사역자들을 위해 기도하라. 그들의 마음에서 휘장이 벗겨져 더 나은 길을 보게 해 달라고 간구하라.

바울 사도는 한때 박해를 일삼았던 바리새인이었고, 루터는 각성하지 못한 수도사였다. 래티머도 완고한 교황주의자였고, 토마스 스콧도 한때는 복음주의 진리를 철저히 거부했다. 불가능한 것은 아무것도 없다. 지금 복음을 방해하기 위해 노력하는 목회자들도 성령께서 역사하시면 복음을 전하는 사람들로 얼마든지 바뀔 수 있다. 그러므로 항상 힘써 기도하라.

지금까지 말한 바에 진지하게 관심을 기울이기를 바란다. 마음속에 고이 간직해 더욱 숙고하고, 날마다 삶에서 실천하라. 그렇게 하면 안디옥 사건을 통해 귀한 교훈을 얻게 될 것이다.

7. Apostolic Fears

But I fear, lest by any means, as the serpent beguiled Eve through his subtilty, so your minds should be corrupted from the simplicity that is in Christ.

(2 Corinthians 11:3)

Chapter 7
사도의 두려움

"뱀이 그 간계로 하와를 미혹한 것같이

너희 마음이 그리스도를 향하는 진실함과 깨끗함에서 떠나

부패할까 두려워하노라"(고후 11:3).

이 말씀에는 매우 유명한 한 기독교인의 경험이 담겨 있다. 아마도 바울 사도만큼 세상에 많은 영향을 끼친 그리스도의 종은 없을 것이다. 바울이 태어날 당시만 해도, 고대 로마 제국은 구석구석 암울한 이교 사상에 철저하게 물들어 있었다. 그러나 그가 죽을 때는 그토록 강력했던 이교 사상이 뿌리째 흔들려 거의 무너질 지경에 이르렀다. 하나님께서 놀라운 변화를 일으키기 위해 도구로 사용하셨던 사역자들 가운데 회심한 다소의 사울보다 더 강력한 도구는 일찍이 없었다. 그러나 그토록 많은 유익을 끼치고, 그토록 놀라운 성과를 이룩했던 그가 "두려워하노라"라고 외치고 있다.

우리의 관심을 촉구하는 이 말씀은 우울한 분위기를 잔뜩 풍긴다. 이 말씀은 매우 근심하며 고뇌하는 한 사람의 모습을 여실히 보여 준다. 바울이 사도로 선택되어 놀라운 기적을 행하고 교회를 세우고 성령의 영감으로 서신서를 기록했기 때문에 그가 편안한 삶을 살았을 것이라고 생각하는 사람은 아직도 그에 대해 많이 배워야 한다. 그런 생각은 진실과 거리가 멀다.

고린도후서 11장은 그와는 사뭇 다른 사연을 전하고 있다. 고린도후서 11장의 내용은 주의 깊게 연구할 필요가 있다. 바울 때문에 입지가 위태로워진 이교 철학자들과 사제들은 그를 대적했고, 그리스도를 믿지 않는 유대인들은 그를 증오했다. 또한 그는 믿음이 약한 형제나 잘못된 믿음을 가진 형제들 때문에 고민했고, 자신의 육체에 있는 '가시' 때문에 괴로워하기도 했다. 위대한 이방인의 사도는 그가 섬겼던 주님, 곧 '간고를 많이 겪었으며 질고를 아셨던'(사 53:3 참고) 주님을 영락없이 빼닮았다.

바울이 감당해야 했던 무거운 짐 가운데 가장 힘들었던 것은, 그가 고린도 신자들에게 말한 대로 "모든 교회를 위하여 염려하는 것"(고후 11:28)이었던 것 같다. 초기 신자들 가운데는 지식과 경험이 부족하고, 믿음이 연약하고, 소망이 뚜렷하지 않고, 성화의 수준이 낮은 사람들이 많았다. 그러하기에 그들이 거짓 교사들에게 미혹되어 신앙을 저버릴 위험이 컸다. 걸음마조차도 하지 못하는 어린아이나 다름없는 그들을 상대하려면 무한한 인내가 필요했다. 그들은 온실에서 기르는 외국 식물처럼 끊임없는 보살핌이 필요했다.

따라서 그들을 위해 교회를 세운 사도가 자상한 태도로 끊임없이 염려할 수밖에 없지 않았겠는가? 그가 골로새 신자들에게는 "내가 너희들을 위하여 얼마나 힘쓰는지를 너희가 알기를 원하노니"(골 2:1 참고)라고 말하고, 갈라디아 신자들에게는 "그리스도의 은혜로 너희를 부르신 이를 이같이 속히 떠나 다른 복음을 따르는 것을 내가 이상하게 여기노라……어리석도다 갈라디아 사람들아……누가 너희를 꾀더냐"(갈 1:6, 3:1)라고 말하는 것이 참으로 당연한 일이 아니었겠는가?

에베소서를 주의 깊게 읽어 본 사람이라면 이런 말들이 반복되는 것을 알 수 있을 것이다. 고린도후서 11장 3절 말씀은 내가 말하려는 바를 잘 보여 주는 대표적인 예이다.

"뱀이 그 간계로 하와를 미혹한 것같이 너희 마음이 그리스도를 향하는 진실함과 깨끗함에서 떠나 부패할까 두려워하노라."

이 말씀은 모든 독자가 관심을 기울여야 할 세 가지 중요한 교훈을 전한다. 나는 이 교훈들이 오늘의 시대를 위한 것이라고 확신한다.

- 이 말씀은 우리 모두가 걸리기 쉽고, 또 마땅히 두려워해야 할 영적 질병을 보여 준다.

"너희 마음이……부패할까 두려워하노라."

- 이 말씀은 우리 모두가 기억해 지침으로 삼아야 할 본보기를 제시한다.

"뱀이 그 간계로 하와를 미혹한 것같이."

- 이 말씀은 우리가 특별히 주의해야 할 점을 일깨워 준다. 즉, '그리스도를 향하는 진실함과 깨끗함에서 떠나는' 것을 주의해야 한다.

고린도후서 11장 3절은 깊은 광산과도 같아서 그 의미를 파헤치기가 결코 쉽지 않다. 그러나 용기 있게 파헤쳐 나가면 귀한 보석과도 같은 진리를 발견할 수 있을 것이다.

마음의 부패함

우리 모두가 두려워해야 할 영적 질병이 있다. 그것은 바로 '마음의 부패함'이다.

'마음의 부패함'이란 성경에 어긋나는 거짓 교리를 받아들여 생각을 왜곡시키는 것을 의미한다. 바울의 말에는 이런 의미가 함축되어 있다. "너희 마음이 기독교에 관한 잘못되고도 건전하지 못한 견해를 받아들일까 두렵다. 너희가 진리가 아닌 것을 진리로 받아들일까 두렵다. 너희가 성도에게 단번에 주신 믿음에서 벗어나 그리스도의 복음을 훼손하는 견해를 받아들일까 두렵다."

바울 사도가 그런 두려움을 느꼈다는 것은 매우 의미심장할 뿐만 아니라 언뜻 생각하면 참으로 놀랍기까지 하다. 그리스도께서 친히 선택하신 제자들이 여전히 살아 있고, 기적의 시대가 아직 지나가지 않았으며, 갈보리의 보혈이 채 마르지도 않은 상황에서 신자들이 믿음을 저버릴 위험을 안고 있었다는 것을 누가 상상이나 할 수 있겠는가? 그러나 '불법의 비밀'은 사도들이 죽기 전에 이미 활동하기 시작했다(살후 2:7 참고). 요한 사도도 "지금도 많은 적그리스도가 일어났으니"(요일 2:18)라고 말했다.

지난 1,800년 동안, 거짓 교리는 잠시도 쉬지 않고 기독교 세계를 오염시켜 왔다. 이것은 달리 입증할 필요가 없는 교회사의 엄연한 사실이다. 그래서 바울은 예언자적인 안목으로 "단지 너희의 도덕적 행위만이 아니라 마음이 부패할까 두려워하노라"라고 말했다.

거짓 교리가 사탄이 그리스도의 복음이 전파되는 것을 막기 위해 즐겨 사용하는 수단이라는 것은 명백한 사실이다. 사탄은 생명의 샘이 열리는 것을 막을 수 없기 때문에 거기에서 흘러나오는 물이라도 막으려고 끊임없이 노력해 왔다. 생명의 샘을 없앨 수 없다면, 더하고 빼고 대체하는 방법을 동원해서라도 그 유용성을 훼손하겠다는 것이 사탄의 책략이다. 한마디로 사탄은 인간의 마음을 부패시키려고 노력해 왔다.

어떤 사람들은 초대 교회가 순수했다고 말한다. 그러나 사도들이 죽은 후에 이내 거짓 교리가 교회 안에 널리 퍼졌다. 삼위일체와 그리스도의 인격에 관한 교리를 잘못 가르치고, 새로운 의식을 만들어 내고, 수도원 제도와 인위적인 금욕주의를 도입하는 등의 일들을 통해 교회의 빛이 흐려지고, 그 유용성이 훼손되기에 이르렀다. '공동 기도서'의 머리말에서 밝히는 대로, 심지어 아우구스티누스의 시대에도 기독교인들 사이에서 유대인들의 경우보다 더 많은 의식들이 생겨났다. 모두가 인간의 마음이 부패했기 때문에 나타난 결과였다.

중세 시대에는 거짓 교리가 교회 전체를 오염시켜 예수님이 이 땅에 계시던 당시처럼 진리가 거의 생명을 잃고 죽어 가는 지경에 이르렀다. 특히 종교개혁이 일어나기 전 300년 동안은 "내가 구원받으려면 무엇을 해야 할까?"라는 물음에 대답할 수 있는 신자를 유럽에서 찾아보기가 매우 어려울 정도였다. 교황, 추기경, 대수도원장, 소수도원장, 대주교, 주교, 사제, 부사제, 수사, 수녀 등 모든 사람들이 거의 예외 없이 무지와 미신에 깊이 물들었다. 그들은 깊은 잠에 빠졌고, 종교개혁이라는 놀라운 사건을 통해 부분적으로 잠에서 깨어났다. 이것도 모두 인간의 마음이 부패한 결과였다.

종교개혁 시대 이후에도 거짓 교리는 계속 모습을 드러냈고, 개혁자들이 시작한 일을 훼손시켰다. 유럽의 여러 지역에서는 합리주의에 바탕을 둔 신(新)교리, 소시니우스주의, 형식주의, 신앙무차별주의 등이 일어났다. 이런 움직임들은 한때 좋은 열매를 맺을 것처럼 보였던 꽃봉오리를 시들게 만들었고, 개신교를 황폐한 형식주의로 전락시켰다. 이것도 모두 인간의 마음이 부패한 결과였다.

심지어 우리 시대, 우리의 눈앞에서도 거짓 교리는 버젓이 국교회의 심장을 갉아먹으며 그 존폐를 위협하고 있다. 국교회의 일부 사역자들은 종교개혁의 원리를 노골적으로 거부하고, '바다와 육지를 두루 다니며'(마 23:15 참고) 국교회를 로마가톨릭교회처럼 만들려고 노력하고 있다. 어떤 사역자들은 가톨릭교회에 못지않게 대담하게 성경의 영감을 경시하며 초자연적인 종교의 개념을 비웃고, 기적을 거추장스런 쓰레기처럼 내팽개치려고 노력한다. 또한 어떤 사역자들은 모든 형태의 종교적인 견해에 자유를 부여하고, 가르치는 자가 진지하고 현명하고 열정적이기만 하다면 아무리 성경과 다르고 모순되게 가르친다고 해도 동등하게 신뢰해야 마땅하다고 주장하기도 한다. 그 모두가 마음이 부패한 데서 비롯된 결과라고 할 수 있다.

이런 모든 사실을 고려할 때, 우리는 바울 사도의 말을 깊이 명심해야 한다. 우리도 바울처럼 두려워해야 할 이유가 충분하다. 영국의 신자들은 그 어느 때보다도 더욱 경계심을 돋우어야 하며, 충실한 사역자들은 조금도 주저하지 말고 소리 높여 크게 외쳐야 한다. "만일 나팔이 분명하지 못한 소리를 내면 누가 전투를 준비하리요"(고전 14:8)라는 말씀을 기억해야 한다.

국교회의 충실한 신자들에게 당부한다. 눈을 크게 뜨고 교회가 처한 위험을 직시하라. 평화에 병적으로 집착하거나 무관심하여 교회가 해를 당하지 않도록 주의하라. 논쟁은 바람직하지 않지만, 때로는 논쟁하는 것이 의무이기도 하다. 평화는 매우 귀하지만, 아무리 귀한 황금 같은 것이라도 너무 값비싼 대가를 지불해서는 안 된다. 일치는 참으로 큰 복이지만, 진리를 희생하여 얻는 일치는 가치가 없다. 다시 말하건대, 눈을 크게 뜨고 경계하라.

국방력을 강화하는 일이 비용도 많이 들고 성가시다는 이유로 국가가 경제적 번영에만 힘을 쏟고 국방을 소홀히 한다면, 알라리크(Alaric, 서고트족의 왕)나 아틸라(Attila, 훈족의 왕), 티무르(Timur, 티무르 왕조의 1대 황제)나 나폴레옹(Napoleon)과 같은 외부 세력에 의해 침략당할 가능성이 높다. 오랜 전통과 질서와 풍부한 유산을 자랑하는 부유한 교회는 "부족한 것이 없다"(계 3:17)고 생각하기 쉽다. 그런 교회는 "평화"를 외치며, 아무 재앙도 없을 것이라고 스스로 위로한다. 그러나 목회자와 교인들이 건전한 교리를 유지하는 데 관심을 기울이지 않는다면, 촛대가 다른 곳으로 옮겨진다고 해도 조금도 놀랍지 않을 것이다.

이런 위기의 때에 낙심하거나 용기를 잃고 물러서는 것을 절대 용납할 수 없다. 경건한 두려움을 지니라. 옛 방주를 죽은 것으로 여겨 포기하고 버려서는 안 된다. 방주 안이 엉망진창이면, 겉으로 드러난 모습도 엉망진창일 수밖에 없다. 경계심을 잃고 잠에 빠져 있는 많은 목회자들, 곧 거짓 교리의 발흥과 발전으로 인해 우리가 맞닥뜨리게 된 이 엄청난 위기를 보지 못하는 목회자들에게 강력히 각성을 촉구하는 바이다. 또한 높은 지위에 있는 사람들이 종종 지향하는 바 건전한 교리보다 일치가 더 중요하고, 진리보다 평화가 더 귀하다는 생각도 결코 용인할 수 없다. 국교회를 사랑하는 모든 사람들이 이 시대의 위험한 상황을 직시하고, 일치된 행동과 기도로 위기를 극복해 나가는 데 용기 있게 앞장서기를 바란다.

주님께서 아무 뜻 없이 "검 없는 자는 겉옷을 팔아 살지어다"(눅 22:36)라고 말씀하신 것이 아니다. 또한 "깨어 믿음에 굳게 서서 남자답게 강건하라"(고전 16:13)라는 바울의 말을 잊어서는 안 된다. 고귀한 개혁자들은 피의 희생을 치르고 우리에게 진리를 물려주었다. '일치와 평화'라는 허울 좋은 명분을 내세워 그런 귀한 진리를 값싸게 팔아넘겨서는 안 된다.

마귀의 간계

고린도후서 11장 3절은 우리가 기억해 지침으로 삼아야 할 본보기를 제시한다.

"뱀이 그 간계로 하와를 미혹한 것같이."

바울은 여기에서 창세기 3장에 기록된 인류의 타락을 엄연한 역사적 사실로 언급한다. 그는 창세기가 신화와 우화로 구성된 책이라는 현대의 개념을 결코 용납하지 않는다. 그는, 마귀와 같은 존재도 없고 금지된 열매를 실제로 먹은 일도 없으며, 죄가 그런 식으로 세상에 들어오지도 않았다는 식의 생각을 결코 부추기지 않는다. 오히려 그는 창세기 3장의 기록을 실제로 일어난 확실한 역사적 사건으로 진술한다.

여기서만 그렇게 진술하는 것이 아니다. 신약성경의 여러 곳에서는 모세 오경에 기록된 놀라운 역사와 기적들을 항상 역사적 사건으로 분명하게 언급한다. 신약성경의 저자들은 가인과 아벨, 노아의 방주, 소돔의 멸망, 에서가 장자권을 팔아넘긴 일, 애굽의 장자들이 사망한 사건, 이스라엘 백성이 홍해를 마른땅처럼 건넌 일, 놋으로 만든 뱀, 만나, 반석에서 물이 흘러나온 일, 발람의 나귀가 말을 한 사건과 같은 구약성경의 기록을 우화가 아닌 사실로 증언한다. 이 점을 결코 잊어서는 안 된다. 구약성경을 비웃고, 모세 오경의 권위를 경시하는 사람들은 자신이 주 예수 그리스도와 사도들보다 더 나은지를 진지하게 생각해 보아야 할 것이다.

지금 우리 앞에 있는 성경 구절을 보면서도 창세기를 신화와 우화를 모아 놓은 책이라고 말하는 것은 터무니없는 주장일 뿐만 아니라 경건하지 못한 태도이다. 타락과 유혹에 관한 이야기를 언급한 것이 바울의 실수일까? 만일 그렇다면 그는 생각이 아둔한 사람이며, 따라서 다른 주제들에 관해서도 실수를 많이 저질렀을 것이 분명하다. 그것이 사실이라면, 그는 성경 저자로서의 권위를 더 이상 인정받을 수 없다. 우리는 그런 말도 안 되는 생각을 단호히 물리쳐야 한다. 그런 충실하지 못한 생각은 구약성경을 존중하지 않고 멸시하는 태도에서부터 싹트기 시작한다. 이 점을 잊어서는 안 된다.

바울이 하와의 타락을 통해 말하려는 요점은 그녀를 타락으로 이끈 마귀의 '간계'이다. 마귀는 하와를 유혹해 해를 입히려는 자신의 생각을 솔직히 드러내지 않았다. 그는 금지된 열매를 '먹음직도 하고 보암직도 하고 지혜롭게 할 만큼 탐스럽기도 한'(창 3:6) 열매처럼 보이도록 만들었다. 그는 조금도 망설이지 않고, 하와에게 금지된 열매를 먹어도 결코 죽지 않으리라고 말했다(창 3:4 참고). 그는 하와의 눈을 가려 죄의 사악함과 위험을 보지 못하게 만들었고, 하나님의 명백한 명령을 무시해도 죽기는커녕 오히려 큰 유익을 얻게 될 것이라고 유혹했다. 간단히 말해, 마귀는 그 간계로 하와를 미혹했다.

바울의 말대로, 우리는 거짓 교리의 간교한 속성을 두려워해야 한다. 거짓 교리가 오류의 옷을 걸치고 우리를 미혹할 것이라고 생각해서는 안 된다. 거짓 교리는 진리인 양 위장하고서 우리에게로 다가온다. 위조 화폐가 진짜 화폐와 똑같이 생기지 않고서는 시중에 유통될 수 없고, 늑대가 양의 가죽을 뒤집어쓰지 않고서는 양의 우리에 들어갈 수 없다. 마찬가지로 교황주의자들과 이단들이 그 정체를 노골적으로 드러내고 세상을 돌아다닌다면, 아무런 해도 끼칠 수 없을 것이다. 사탄은 매우 현명한 장군과 같아서 그런 식으로 전쟁하지 않는다. 그는 "관용, 사도적 권위, 일치, 교회 질서, 건전한 교회관, 자유로운 사고, 폭넓은 양식, 친절한 판단, 자유로운 성경 해석" 등과 같은 듣기 좋은 말로 부주의한 사람들 가운데 공격의 진지를 구축한다. 그러므로 우리는 주님께서 산상설교에서 말씀하신 엄중한 경고에 귀를 기울여야 한다.

"거짓 선지자들을 삼가라. 양의 옷을 입고 너희에게 나아오나 속에는 노략질하는 이리라"(마 7:15).

이 점에 특별히 주의하라. 오늘날 거짓 교리가 거짓된 모양을 하고 나타나기를 기대하는 순진하고 단순한 목회자들이 많다. 그들은 거짓 교리의 해악이 하나님의 진리와 비슷하게 닮은 데 있다는 사실을 알지 못한다.

어릴 때부터 복음적인 가르침만을 듣고 자란 젊은 목회자가 어느 날 갑자기 교황주의나 회의주의의 견해를 피력하는 뛰어난 교사의 가르침을 듣는 자리에 초대되었다고 가정해 보자. 그는 단순하게도 처음부터 끝까지 이단 사상만을 듣게 될 것이라고 생각하면서 예배당 안으로 걸어 들어간다. 그런데 놀랍게도 그 설교자는 오류는 조금밖에 드러내지 않고, 많은 진리를 논리적으로 능숙하게 풀어낸다. 그 순간 아무런 의심도 없었던 단순하고도 순진한 그의 생각 속에서 격렬한 반응이 일어나기 시작한다. 이전의 교사들이 너그럽지 못하고 편협하며 완고했다는 생각이 들면서 그들에 대한 신뢰가 송두리째 흔들린다.

참으로 안타깝게도 그런 경우가 매우 흔하다. 한 번 생각이 왜곡되기 시작한 사람은 결국 의식주의자나 광교회주의자의 대열에 합류하고 만다. 왜 이런 일이 일어나는 것일까? 그가 어리석게도 고린도후서 11장 3절에서 바울이 전하는 교훈을 망각했기 때문이다. "뱀이 그 간계로 하와를 미혹한 것같이" 사탄은 진리의 탈을 쓰고서 19세기의 부주의한 영혼들을 미혹한다.

이 글을 읽는 모든 독자들이여, 이 점을 반드시 기억하고 철저히 경계하라. 오늘날 너무나 많은 사람들이 거짓 교사들에 대해 이렇게 말한다. "그는 참으로 선하고 경건하며, 친절하고 진지하며, 근면하고 겸손하며, 관대하고 열정적이며, 현명하고 진실하다. 그러므로 그의 가르침을 듣는다고 해도 위험이나 해가 전혀 없다. 게다가 그는 참된 복음을 많이 전한다. 그의 설교는 때로는 누구도 흉내 낼 수 없을 만큼 훌륭하다. 나는 그가 건전하지 못한 가르침을 전한다고 믿을 수도 없고, 그렇게 믿지도 않을 것이다." 그런 말들을 주위에서 끊임없이 듣지 않는가?

분별력이 있는 사람이라면, 건전하지 못한 교사들이 해로운 가르침을 공공연히 전할 것이라고 생각하는 순진한 목회자들이 많다는 것을 금방 알 수 있다. 그런 목회자들은 거짓 교사들이 종종 "광명의 천사"(고후 11:14)처럼 보인다는 사실을 이해하지 못한다. 그들은 거짓 교사들이 자신의 속마음과 태도를 온전히 드러내거나 마음에 있는 생각을 모두 말하지 않는다는 사실을 받아들이지 못한다. 그러나 거짓 교사들은 매우 간교하다. "뱀이 그 간계로 하와를 미혹한 것같이"(고후 11:3)라는 말씀을 기억하는 것이 그 어느 때보다도 절실히 필요하다.

우리는 의심이 의무일 뿐만 아니라 미덕으로 간주되어야 할 세상에 살고 있다. 이 말로 두 번째 요점을 마무리하려니 마음이 몹시 서글프다. 우리가 두려워해야 할 대상은 자신의 정체를 숨김없이 드러내는 바리새인과 사두개인이 아니라 그들의 '누룩'이다. 많은 사람들에게 의식주의가 그토록 위험한 이유는 그것이 "지혜 있는 모양"(골 2:23)을 갖추고 있기 때문이다. 그것은 겉으로는 거룩하고 경건하며, 은혜롭고 아름다우며, 선하게 보인다. 그래서 선의의 사람들이 마치 홍수에 휩쓸리듯이 거기에 미혹된다.

자신이 안전하다고 생각하는 사람은 중요한 위치에 보초를 세우는 것처럼 경각심을 한층 돋우어야 한다. "이단을 색출하는 데만 혈안이 되어 있다"라는 조롱과 비웃음을 당하더라도 개의치 말라. 오늘날과 같은 시대에는 위험을 의심하는 행위를 부끄러워해서는 안 된다. 의심이 많다고 비웃는 사람이 있다면, "뱀이 그 간계로 하와를 미혹한 것같이"라는 말로 응수하라.

그리스도를 향하는 진실함과 깨끗함

이제 마지막 교훈을 생각해 보자. 이 교훈은 우리가 특별히 주의를 기울여야 할 것이 무엇인지를 알려 준다. 그것은 바로 '그리스도를 향하는 진실함과 깨끗함'(고후 11:3)이다.

이 표현은 조금 특이하다. 신약성경에서 이 표현은 여기서만 쓰인다. 아무튼 한 가지는 분명하다. "진실함과 깨끗함"이란 이중적이거나 섞인 것이 없이 단일하고 순수한 것이라는 뜻이다. 어떤 사람들은 이런 개념을 바탕으로, 이것이 "그리스도를 향한 순수한 사랑"을 의미한다고 주장한다. 즉, 마음이 나뉘어 다른 것을 사랑하지 않고 오직 그리스도를 사랑한다는 뜻으로 이해한다. 좋은 말이지만, 이 말씀의 참의미를 올바로 해석한 것인지는 의문스럽다.

나는 이 표현이 그리스도에 대한 순수하고도 단순하며 참된 교리, 곧 더하거나 빼거나 다른 것으로 대체하지 않은, 예수 그리스도에 관한 순전한 진리를 가리킨다는 견해를 따르고 싶다. 바울은 고린도 신자들에게 복음의 참된 진리에 어떤 것을 더하거나 빼는 행위를 두려워하라고 당부하고 있다. 여기에는 매우 풍부한 의미가 담겨 있다. 특히 이 말세에 우리에게 교훈을 주기 위해 이렇게 기록한 것으로 보인다. 우리는 그리스도께서 성도에게 단번에 주신 단순한 복음을 버리거나 오염시키지 않도록 각별히 주의해야 한다.

이 표현은 매우 교훈적이다. 이 표현에 담긴 원리는 말로 다 할 수 없이 중요하다. 영혼들을 사랑하고 그들을 건강한 상태로 지키기를 원한다면, 그리스도에 관한 단순한 교리를 일점일획도 틀리지 않게 철저히 고수해야 한다. 거기에 무엇을 더하거나 빼기 시작하면 하나님께서 허락하신 영혼의 치료약을 독약으로 바꾸는 잘못을 저지르게 된다. '더도 덜도 말고 오직 그리스도에 관한 교리만을 굳게 붙잡아야 한다'는 것을 가장 중요한 원리로 삼으라. 이 원리를 굳게 붙잡고 절대 놓지 말라. 이 원리를 심비(心碑)에 기록하고, 절대 잊지 말라.

첫째, 그리스도께서 제시하신 단순한 길 외에 평화에 이르는 다른 길이 없음을 꼭 명심하라. 그리스도와 그분이 이루신 사역을 믿는 믿음 외에 다른 것으로는 양심의 자유와 영혼의 평화를 얻을 수 없다. 고해, 금욕, 성실한 교회 출석, 잦은 성만찬 참여와 같은 방법을 통해 평화를 얻으려는 것은 헛된 망상이자 올무일 뿐이다. 영혼의 안식을 얻으려면 예수님께 직접 나아와 수고하고 무거운 심령을 내려놓고, 믿음으로 그분과 관계를 맺어야 한다. 우리 모두 '그리스도를 향한 진실함과 깨끗함'을 굳게 붙잡자.

둘째, 예수 그리스도 외에 그 어떤 사람도 하나님과 우리 사이를 중재할 수 없다는 사실을 꼭 명심하라. 예수님은 "나로 말미암지 않고는 아버지께로 올 자가 없느니라"(요 14:6)라고 말씀하셨다. 그분의 말씀은 절대 헛되게 사라지지 않는다. 아담의 타락한 후손은 교회에서의 품계와 서열이 아무리 높다고 해도 그리스도를 대신할 수 없으며, 오직 그분만이 행하시기로 작정된 일을 행할 수도 없다. 제사장직은 그리스도의 고유한 직임이다. 그분은 그 직임을 다른 사람에게 위임하시지 않는다. 이 점에 대해서도 우리 모두 '그리스도를 향한 진실함과 깨끗함'을 굳게 붙잡자.

셋째, 그리스도께서 십자가에서 희생하신 것 외에는 그 어떤 희생도 죄를 속량할 수 없다는 사실을 꼭 명심하라. 성만찬의 희생적 효력을 언급하거나 그리스도의 십자가 희생이 반복되어야 한다거나 봉헌된 떡과 포도주가 그리스도의 살과 피로 바뀐다고 가르치는 사람들의 말에 귀를 기울이지 말라. 그리스도께서 죄를 속량하기 위해 드리신 희생은 완전하고도 완벽한 희생이었다. 그런 희생을 반복하는 것은 신성을 모독하는 행위이다.

"그가 거룩하게 된 자들을 한 번의 제사로 영원히 온전하게 하셨느니라"(히 10:14).

이 말씀을 기억하라. 이 점에 대해서도 우리 모두 '그리스도를 향한 진실함과 깨끗함'을 굳게 붙잡자.

넷째, 그리스도께서 항상 언급하셨던 단순한 규칙, 곧 기록된 하나님의 말씀만이 모든 논쟁을 판단할 수 있는 유일한 신앙의 규칙이라는 점을 꼭 명심하라. 교회의 음성, 고대의 전통, 초기 교부들의 판단과 같은 모호한 표현으로 영혼을 어지럽히지 말라. 성경, 곧 기록된 하나님의 말씀을 진리의 유일한 기준으로 삼으라.

"성경이 무엇을 말하느냐"(롬 4:3).

"율법에 무엇이라 기록되었으며 네가 어떻게 읽느냐"(눅 10:26).

"율법과 증거의 말씀을 따를지니"(사 8:20).

"성경을 연구하거니와"(요 5:39).

이와 같은 말씀들을 잊지 말라. 이 점에 대해서도 우리 모두 '그리스도를 향한 진실함과 깨끗함'을 굳게 붙잡자.

다섯째, 그리스도와 사도들이 인정한 은혜의 수단들, 곧 몇 가지 널리 알려진 간단한 은혜의 수단들 외에 다른 은혜의 수단이 교회에 주어지지 않았다는 점을 꼭 명심하라. 하나님께서 정하신 은혜의 수단을 뒷전으로 밀어내고, 인위적으로 공허한 의식과 예식을 만들어 그 중요성을 과장할 때마다 경각심을 늦추지 말라. 인간은 늘 무엇인가를 만들어 하나님께서 정하신 의식을 대체하려는 성향을 띤다. 인간이 만든 것으로 하나님의 말씀을 무익하게 만들려는 시도를 경계하라. 이 점에 대해서도 우리 모두 '그리스도를 향한 진실함과 깨끗함'을 굳게 붙잡자.

여섯째, 성례에 그리스도께서 언급하시지 않은 능력을 부여하는 것이 결코 건전하지 않다는 점을 꼭 명심하라. 세례나 성만찬을 받는 사람의 심령 상태와 상관없이 단지 외적 의식이 집행되기만 하면 은혜를 가져다준다는 '사효론(*ex opere operato*)'

에 미혹되지 않도록 주의하라. 세례 받은 사람과 성만찬에 참여하는 사람이 은혜를 받았다는 증거는 오직 은혜가 그들의 삶에서 효력을 나타내는 것뿐임을 절대 잊지 말라. 단순히 성례에 참여하는 것만으로는 우리가 성령으로 거듭나 그리스도와 연합했다는 것을 증명할 수 없다. 오직 성령의 열매만이 그것을 증명한다. 이 점에 대해서도 우리 모두 '그리스도를 향한 진실함과 깨끗함'을 굳게 붙잡자.

일곱째, 성령에 관해 그리스도의 단순한 가르침에 어긋나게 가르치는 것은 무엇이든 건전하지 않다는 점을 꼭 명심하라. 어떤 사람들은 성령께서 세례를 받은 사람들 안에 실제로 거하고 계시기 때문에 세례 받은 사람들은 그들 안에 있는 성령의 사역을 '일깨우기만' 하면 된다고 가르친다. 그런 가르침에 귀를 기울이지 말라. 주님의 단순한 가르침에 따르면, 성령께서는 오직 그리스도를 믿는 제자들 안에만 거하신다. 믿지 않는 사람들은 그분을 보지도 못하고 알지도 못하며 받지도 못한다(요 14:17 참고). 성령의 내주하심은 그리스도를 믿는 신자들의 특권이다. 성령이 실제로 거하시는 사람만이 그분을 느끼고 경험할 수 있다. 이 점에 대해서도 우리 모두 '그리스도를 향한 진실함과 깨끗함'을 굳게 붙잡자.

마지막으로, 그리스도와 사도들이 가르친 진리를 균형 있게 진술하지 않는 가르침은 절대 안전하지 않다는 것을 꼭 명심하라. 교회와 성직 사역과 성례는 존귀하게 여기고 끊임없이 강조하면서도 회개와 믿음과 회심과 성화와 같은 중요한 진리는 부차적이고 종속적인 것으로 취급하는 가르침을 특별히 경계하라. 그런 가르침을 복음서와 사도행전과 서신서의 가르침에 비춰 보라. 성경 본문을 꼼꼼히 살피면서 깊이 생각해 보라. 세례와 성만찬과 교회와 성직 사역에 관한 가르침이 신약성경에서 상대적으로 얼마나 적은 비중을 차지하는지를 살펴보고, 어떻게 하는 것이 진리를 균형 있게 전하는 것인지를 스스로 판단해 보라. 다시금 강조하지만, 이 점에 대해서도 우리 모두 '그리스도를 향한 진실함과 깨끗함'을 굳게 붙잡자.

우리는 그리스도께서 가르치신 단순한 교리와 규칙만을 지향해야 한다. 거기에 무엇을 더하거나 빼거나 대체해서는 안 된다. 우리는 이 원칙에서 벗어나는 것을 두려워해야 한다. 우리가 그리스도의 가르침을 조금이라도 개선할 수 있을까? 그리스도께서 실제로 중요한 진리를 기록하지 않은 채 남겨 두셨거나 인간의 전통이라는 모호한 판단의 잣대에 따라 좌우되도록 허용하셨을까? 우리가 그리스도께서 정하신 의식을 더 낫게 고치거나 바꿀 수 있다고 주장할 수 있을까?

그리스도께서 침묵하신 사안에 대해서는 신중하고 겸손하며 온건하게 행동하고, 다른 사람들에게 그런 것을 강요하지 않는 것이 옳지 않겠는가? 무엇보다도 그리스도께서 가르치시지 않은 것을 구원에 필요한 것으로 강조하지 않도록 주의해야 마땅하지 않겠는가? 이런 질문들에 대한 대답은 오직 하나뿐이다. 우리는 '그리스도를 향한 진실함과 깨끗함'에서 벗어나는 것은 무엇이든 그 모양이라도 취하지 않도록 주의해야 한다.

우리는 주 예수 그리스도를 죄인의 구주로 받들어 섬기는 만큼 그분을 교회의 머리요 모든 예식의 주인으로 받들어 섬겨야 한다. 그러나 불행히도 우리는 그렇게 하지 못하고 있다. 나는 우리가 이 문제에 관해 잘못을 저지르고 있다고 생각한다. 우리는 하나님의 아들이 얼마나 위대하고 영광스럽고 지고하신 분인지를 깨닫지 못하고 있다. 우리는 자신의 직임을 위임하시거나 자신의 영광을 다른 존재에게 넘겨주시지 않는 그리스도께 온전히 충성하는 것이 우리의 의무라는 사실을 외면하고 있다. 존 오웬이 하원 의원들에게 전한 "위대하신 그리스도"라는 엄숙한 설교를 기억해야 한다. 오늘날 하원 의원들이 그런 설교를 들을 수 있는 기회가 없을까 봐 두렵다.

"그리스도께서는 길이시다. 그분을 믿지 않는 사람은 가인이요 방랑자요 부랑자이다. 그리스도께서는 진리이시다. 그분을 믿지 않는 사람은 옛 마귀처럼 거짓말쟁이일 뿐이다. 그리스도께서는 빛이시다. 그분을 믿지 않는 사람은 어둠에 휩싸인 채 어디로 가야 할지를 알지 못한다. 그리스도께서는 포도나무이시다. 그분 안에 거하지 않는 사람은 마른 나뭇가지가 되어 불쏘시개로 쓰일 것이다. 그리스도께서는 반석이시다. 그분 위에 서지 않는 사람은 홍수에 휩쓸릴 것이다. 그리스도께서는 알파와 오메가요, 처음과 나중이요, 창시자와 종결자요, 구원의 설립자이자 완성자이시다(계 22:13 참고). 그리스도를 소유하지 못한 사람은 선의 시작도, 불행의 끝도 깨닫지 못할 것이다.

오, 복되신 예수님, 주님 없이 사느니 차라리 존재하지 않는 편이 낫고, 주님 안에서 죽지 않을 바에는 차라리 태어나지 않는 편이 더 낫습니다. 지옥에 천 번을 간다고 해도, 영원히 예수 그리스도 없이 사는 고통에 비하면 아무것도 아닙니다."

이 증언에는 한 치의 거짓도 없다. 여기에 '아멘'이라고 대답할 수 있다면, 우리의 영혼이 잘될 것이다.

적용

이제 이 글을 읽는 사람들을 위해 몇 가지 조언을 전하면서 모든 논의를 끝맺고자 한다. 권위를 지닌 사람으로서가 아니라 형제들을 유익하게 하려는 사랑의 마음으로 조언한다. 다음의 조언은 영국의 기독교인이면 누구나 유익하게 받아들일 수 있겠지만, 특별히 국교회 신자들을 염두에 두고 있다. 이 조언은 나의 영혼에도 많은 도움을 준다. 따라서 이 조언이 다른 사람들에게도 적지 않은 도움을 줄 것이라고 믿는다.

하나님의 말씀에 대한 철저한 지식으로 무장하라

거짓 교리에 미혹되지 않으려면, 하나님의 말씀에 대한 철저한 지식으로 우리의 생각을 단단히 무장해야 한다. 기도로 성령의 가르침을 구하며 날마다 부지런히 성경을 처음부터 끝까지 읽어 나가라. 성경의 내용에 익숙해지려고 노력하라. 성경에 무지한 것이 모든 오류의 근원이다. 오늘날 진리를 왜곡하고 참믿음을 버리는 사태가 빚어지는 이유는 대부분 성경에 대한 지식이 얕기 때문이다.

철도와 전신(電信)의 발달로 인해 생활이 한층 분주해진 탓인지는 몰라도, 요즘 많은 신자들이 홀로 성경을 읽는 일에 충분한 시간을 할애하지를 못한다. 200년 전에 살았던 영국 국민이 지금의 영국 국민들보다 성경을 더 잘 알고 있었을지도 모른다는 생각이 든다. 그 결과 요즘 사람들은 온갖 교훈의 풍조에 밀려 요동할 뿐만 아니라(엡 4:14 참고), 그들의 생각에 영향을 미치려고 애쓰는 간교한 거짓 교사들의 손쉬운 먹잇감이 되고 있다.

독자들이여, 이 조언을 기억하고 자신의 행동에 주의를 기울이라. 늘 그랬듯이, 지금도 성경에 정통한 사람만이 훌륭한 신학자가 될 수 있다.

또한 주님이 마귀에게 시험을 받으실 때 보여 주신 대로, 중요한 성경 말씀을 잘 알고 있는 것이 오류로부터 우리를 지킬 수 있는 가장 안전한 방책 가운데 하나이다. 성령의 검으로 무장하고, 그 검을 잘 사용할 수 있도록 훈련하라. 성경 지식을 쌓는 데는 왕도가 없다. 부지런히 힘써 공을 들이지 않으면 누구도 성경에 능통할 수 없다(행 18:24 참고). 찰스 시므온은 그

만의 특유한 말투로 "칭의는 믿음으로 얻지만, 성경 지식은 행위로 얻는다"라고 말했다. 한 가지는 분명하다. 즉, 하나님의 말씀을 날마다 성실하게 읽는 수고보다 더 풍성한 결과를 가져다주는 것은 없다.

'39개 신앙조항'을 숙지하라

이 악한 시대에 사역자로서 올바른 길을 걸어가기 위해서는 국교회의 '39개 신앙조항'을 철저히 숙지해야 한다. 나는 39개 신앙조항이 국교회의 공인된 신앙고백이며, 모든 목회자의 가르침을 판단하는 참된 잣대라고 자신 있게 말할 수 있다. 많은 사람들이 "공동 기도서의 가르침"이라는 표현을 사용한다. '공동 기도서'를 성직 사역의 더 나은 기준으로 생각하는 경우가 많다. 그러나 나는 공동 기도서가 아니라 39개 신앙조항이 기독교 교리를 위한 교회의 참된 기준이라고 확신한다.

그렇다고 내가 공동 기도서를 경시하는 것은 아니다. 예전(Liturgy)과 그 내용을 깊이 존중하고 사랑하며, 거기에 충실하려는 마음만큼은 누구에게도 뒤지지 않는다. 신자들이 사용할 수 있는 경건생활의 지침으로는 공동 기도서만한 것이 없다. 그러나 39개 신앙조항은 성경의 교리를 진술하는 교회의 확고한 기준으로 만들어졌지만, 공동 기도서는 그렇지 않다. 공동 기도서는 그런 역할을 하지 않는다. 공동 기도서는 그런 목적으로 편찬되지 않았다. 공동 기도서는 신조가 아니라 경건 생활을 안내하는 지침이다. 우리는 그 가치를 높이 평가해야 하지만, 그것을 39개 신앙조항의 위치에 올려놓으려고 해서는 안 된다. 39개 신앙조항의 위치는 상식과 성문법과 탁월한 사역자들의 확고한 견해를 토대로 확정된 것이다.

이 글을 읽는 독자들이여, 39개 신앙조항을 면밀히 살펴보고, 적어도 일 년에 한 번씩은 주의 깊게 읽으면서 그 내용에 익숙해지라. 국교회의 신조에 어긋나는 내용을 전하거나 가르치거나 주장하는 사람은 자신을 가리켜 건전한 국교회 목회자라고 말할 수 없다는 것을 꼭 명심하라. 요즘에는 부당하게도 39개 신앙조항이 소홀히 취급되고 있다. 그러나 국교회와 관련된 모든 중등학교에서 종교 교육의 일환으로 39개 신앙조항을 정기적으로 가르치는 것이 바람직하다고 생각한다. 39개 신앙조항은 유명한 스코틀랜드의 '웨스트민스터 신앙고백'처럼, 로마 가톨릭교회로 돌아가려는 경향을 막을 수 있는 강력한 방어책이 될 것이 틀림없다.

종교개혁의 역사에 정통하라

우리 모두가 영국 종교개혁의 역사에 정통해야 한다. 내가 이렇게 조언하는 이유는 최근 들어 영국의 종교개혁의 역사가 소홀히 취급되는 부당한 일이 일어나고 있다는 확신이 들기 때문이다. 우리는 순교당한 영국의 개혁자들에게 큰 빚을 지고 있다. 그러나 이것을 올바로 의식하지 못하는 사역자들이 너무나 많다. 그들은 우리 조상들이 살던 시대의 어둠과 미신, 그리고 종교개혁이 가져다준 빛과 자유를 명확하게 이해하지 못한다. 그런 탓에 요즘 많은 사역자들이 로마 가톨릭교회로 복귀하려는 움직임이 얼마나 위험한지도 모르고, 또 교황주의의 참된 본질과 사역에 관해서도 명확하지 못한 개념을 가지고 있다.

이제 이런 상황을 개선할 때가 되었다. 확신하건대, 오늘날 로마 가톨릭교회로 옮겨 가려는 움직임에 무관심한 많은 사역자들은 교황주의의 참된 본질과 개신교 종교개혁의 진정한 의의를 이해하지 못하는 사람들이다.

무지는 거짓 교리의 가장 친한 친구 중 하나이다. 이 시대의 가장 큰 결함 가운데 하나, 곧 19세기에 접어든 오늘날까지도 가장 절실히 필요한 것이 하나 있다면, 바로 무지를 깨뜨리는 빛이다. 수많은 사람들이 단지 지식과 정보가 부족한 탓에 교황주의나 이단에 미혹되고 있다. 다시 말하지만, 성경과 39개 신앙조항과 종교개혁의 역사를 주의 깊게 연구한다면, '그리스도를 향하는 진실함과 깨끗함에서 떠나 부패할까 두려워할' 이유가 없을 것이다. 그렇게 한다면 설령 그리스도를 영접하지는 못한다 하더라도, 적어도 국교회를 버리고 떠나지는 않을 것이다.

8. Idolatry

Flee from idolatry.
(1 Corinthians 10:14)

Chapter 8
우상 숭배

"우상 숭배하는 일을 피하라"(고전 10:14).

이 말씀은 언뜻 생각하면 영국에서는 거의 필요 없는 말씀처럼 보인다. 요즘과 같이 교육과 지성이 발달한 시대에 영국 사람들에게 "우상 숭배하는 일을 피하라"라고 충고하는 것은 시간만 낭비하는 것처럼 들린다.

그러나 나는 그런 생각이 큰 잘못이라고 자신 있게 말할 수 있다. 나는 우상 숭배라는 주제를 철저히 탐구해야 할 시대가 되었다고 믿는다. 우상 숭배는 우리의 주변과 우리 가운데 놀라울 정도로 널리 퍼져 있다. 십계명의 두 번째 계명이 위기에 처했다. "역병이 시작되었다."

고린도전서 10장 14절을 중심으로 네 가지 요점을 살펴보자.

- 우상 숭배의 정의 – 우상 숭배란 무엇인가?
- 우상 숭배의 원인 – 우상 숭배는 왜 생겨나는가?
- 그리스도의 교회 안에 나타난 우상 숭배 – 우상 숭배는 어디에서 발견되는가?
- 우상 숭배의 궁극적 철폐 – 우상 숭배는 언제 끝날까?

이 주제를 다루는 데는 많은 어려움이 뒤따른다. 우리는 관용, 화해, 거짓 평화를 위해 진리가 끊임없이 희생되는 시대에 살고 있다. 그런데도 영국 국교회는 우상 숭배라는 주제에 대해 "분명하지 못한 소리"(고전 14:8)를 내고 있다. 나의 판단이 크게 틀리지 않다면, 우상 숭배에 관한 진리는 틀림없이 우리 시대를 위한 진리이다.

우상 숭배의 정의

먼저, 우상 숭배에 대한 정의부터 내려 보자.
우상 숭배의 본질을 이해하는 것은 매우 중요하다. 우상 숭배를 분명하게 정의하지 못하면, 이 주제를 더 다룰 수가 없다. 신앙에 관한 다른 주제들과 마찬가지로 이 주제에 대해서도 모호하고 분명하지 않은 개념들이 널리 퍼져 있다. 부표로 항로를 표시하듯이, 영적 항해를 하는 도중에 좌초되지 않으려면 자신이 나아갈 길을 확실하게 표시해 두고, 여러 개념에 대해 정확히 정의할 수 있어야 한다.

나는 우상 숭배를 '오직 삼위일체 하나님께 드려야 할 영광을 피조물이나 피조물이 창안한 것에 돌리는 행위'로 정의하고 싶다. 우상 숭배는 다양한 양상을 띤다. 야만이냐 문명이냐에 따라, 즉 우상을 숭배하는 사람의 무지나 지식의 정도에 따라 우상 숭배의 형태가 크게 달라진다. 그 형태가 터무니없이 우스꽝스러울 수도 있고, 진리와 거의 같은 모습을 하고서 매우 그럴듯한 호소력을 발휘할 수도 있다. 그러나 인도의 크리슈나(Krishna, 힌두교 신화에 나오는 영웅 신) 형상을 숭배하든 로마의 성 베드로 성당에 있는 형상을 숭배하든, 우상 숭배의 원리는 사실상 동일하다. 모두가 하나님께 돌려야 할 영광을 그분을 떠나 하나님이 아닌 것에 돌린다. 이교도의 신전에서든 그리스도의 교회라고 일컫는 곳에서든, 그런 일이 행해지면 그것이 곧 우상 숭배이다.

우상 숭배자가 되기 위해 공식적으로 하나님과 그리스도를 부인할 필요는 없다. 성경의 하나님을 경배한다고 고백하면서도 얼마든지 우상을 숭배할 수 있다. 이 둘은 서로 양립할 때가 많고, 지금도 그렇다. 이스라엘 백성은 아론을 시켜 금송아지를 만들게 할 때도 자신들이 하나님을 부인하고 있다고 생각하지 않았다. 그들은 "이스라엘아, 이는 너희를 애굽 땅에서 인도하여 낸 너희의 신이로다"(출 32:4)라고 외쳤다. 아론은 금송아지를 기리는 절기를 가리켜 "여호와의 절일이니라"(출 32:5)라고 말했다. 여로보암도 이스라엘 열 지파에게 다윗과 솔로몬의 하나님께 대한 충성심을 버리라고 요구하지 않았다. 그는 그저 금송아지 둘을 만들어 단과 벧엘에 두고는, "너희가 다시는 예루살렘에 올라갈 것이 없도다. 이스라엘아, 이는 너희를 애굽 땅에서 인도하여 올린 너희의 신들이라"(왕상 12:28)라고 말했을 뿐이다.

두 경우 모두, 우상은 하나님과 경쟁 관계가 아니라 그분을 섬기기 위한 디딤돌, 곧 도움의 수단으로 활용되었다. 그러나 그 두 가지 행위는 모두 큰 죄에 해당했다. 하나님께 돌려야 할 영광을 그분을 형상화한 우상에 돌렸기 때문이다. 여호와의 위엄이 훼손되었고, 십계명의 두 번째 계명이 깨졌다. 그것은 하나님께서 보시기에 가증한 우상 숭배였다.

이 점을 유념해야 한다. 오늘날 우상 숭배에 관해 모호한 개념이 널리 퍼져 있다. 이제 그런 개념을 우리의 생각에서 제거해야 할 때가 되었다. 많은 사람들이 우상 숭배가 아내와 자녀나 돈을 하나님보다 더 사랑하는 영적 우상 숭배와, 참된 신을 알지 못하는 까닭에 나무나 금속이나 돌로 만든 형상을 섬기는 조잡하고도 노골적인 우상 숭배라는 두 가지 형태만을 띤다고 생각한다. 그것은 잘못된 생각이다. 우상 숭배의 영향력은 그보다 훨씬 더 넓게 미친다.

선교사들의 보고를 전해 들을 때마다 연민을 느끼게 되는 인도 지방의 형상 숭배나 은혜의 보좌 앞에 무릎을 꿇고 용서를 구하는 마음의 문제, 곧 하나님보다 다른 것을 더 사랑한 죄만이 우상 숭배가 아니다. 우상 숭배는 많은 사람들이 생각하는 것보다 훨씬 더 큰 규모로, 마치 전염병과도 같이 그리스도의 교회 내에 두루 퍼져 있다. 우상 숭배는 멸망의 아들처럼 '하나님의 성전에 앉아'(살후 2:4) 위세를 떨치고 있다.

우리는 우상 숭배의 죄를 항상 경계하며 기도해야 한다. 우상 숭배는 우리의 예배에 서서히 침투해 우리가 의식하기도 전에 우리에게 영향을 미친다. 이사야는 바알 숭배자가 아니라 정통 유대인, 곧 성전에 나와 하나님을 예배하는 사람들을 향해 참으로 충격적인 말을 전했다.

"소를 잡아 드리는 것은 살인함과 다름이 없이 하고 어린양으로 제사 드리는 것은 개의 목을 꺾음과 다름이 없이 하며, 드리는 예물은 돼지의 피와 다름이 없이 하고 분향하는 것은 우상을 찬송함과 다름이 없이 행하는 그들은 자기의 길을 택하며"(사 66:3).

하나님께서 말씀을 통해 이 죄를 특별히 엄히 책망하신다. 하나님께서 명령하신 십계명 가운데 하나가 우상 숭배를 금지하는 명령이다. 우상 숭배를 금지하는 명령은 하나님의 성품을 가장 엄숙하게 드러내며, 복종하지 않는 사람들에게 가장 엄한 처벌을 내린다. 하나님께서는 이렇게 경고하셨다.

"나 네 하나님 여호와는 질투하는 하나님인즉 나를 미워하는 자의 죄를 갚되 아버지로부터 아들에게로 삼사 대까지 이르게 하거니와"(출 20:5).

우상 숭배를 금지하는 명령보다 더 자주 반복되고, 더 상세한 설명을 덧붙인 명령은 없다. 특히 신명기 4장을 읽어 보면, 이런 사실을 분명히 알 수 있다.

솔로몬의 성전이 파괴되기 이전에, 유대인들은 다른 어떤 죄보다도 우상 숭배의 죄를 더 많이 저질렀다. 사사들과 왕들의 통치를 받을 당시의 이스라엘의 역사에서 그들이 우상 숭배의 죄를 계속 되풀이해서 저질렀다는 우울한 기록을 제외하면 과연 남는 게 있을까? 그들의 역사 가운데 산당과 우상들에 관한 이야기, 우상 숭배 때문에 징계를 받거나 포로로 잡혀간 이야기, 유대인이 과거에 저질렀던 우상 숭배의 죄를 또다시 저지른 이야기들이 거듭 되풀이된다. 마치 태어날 때부터 우상을 연모하는 사랑이 유대인들의 뼛속 깊이 스며들어 있는 것 같다.

한마디로 우상 숭배는 구약 시대의 교회를 줄곧 괴롭혔던 죄이다. 하나님께서 이스라엘 백성에게 그토록 정교한 의식과 예식을 허락하셨지만, 그들은 끊임없이 거기에서 돌이켜 우상을 따르고, 사람의 손으로 만든 것들을 경배했다.

죄 중에서 우상 숭배의 죄만큼 교회에 혹독한 심판을 가져다준 죄는 없었다. 이스라엘은 우상 숭배의 죄 때문에 애굽, 앗수르, 바벨론의 군대에 짓밟혔다. 예루살렘이 불타고, 열 지파가 뿔뿔이 흩어졌으며, 유다와 베냐민 지파가 포로로 잡혀갔다. 나중에 동방 교회는 사라센 제국(Saracens, 이슬람교 신봉자들이 이룩한 대제국)의 무서운 침략을 받았고, 아름다운 영적 동산이 황폐한 폐허로 변했다. 한때 키푸리아누스와 아우구스티누스가 말씀을 전했던 곳이 황무지로 변했다. 소아시아와 시리아의 교회가 마치 산 채로 매장을 당하는 것과 같은 신세가 되고 말았다. 이 모든 것이 우상 숭배의 죄로 인한 결과였다. 이런 사실들은 하나님께서 이사야를 통해 말씀하신 진리를 증명한다.

"나는 내 영광을 다른 자에게, 내 찬송을 우상에게 주지 아니하리라"(사 42:8).

우리 모두 이런 일들을 가슴에 새기고 깊이 생각하자. 어떤 교회든, 순결한 상태를 유지하고 싶다면 우상 숭배의 죄를 살피고, 그 본질을 알고 이해해야 한다. "우상 숭배하는 일을 피하라"(고전 10:14)라는 바울의 엄숙한 경고를 결코 헛되게 흘려들어서는 안 된다.

우상 숭배의 원인

이번에는 우상 숭배의 원인을 살펴보자. 우상 숭배는 왜 생겨나는가?

인간의 이성과 지성을 지나치게 믿는 사람에게 우상 숭배는 터무니없어 보일지도 모른다. 그런 사람은 우상 숭배가 몹시 불합리하기 때문에 어리석은 사람이 아니면 아무도 우상을 숭배하지 않을 것이라고 생각한다.

한편 기독교에 관해 깊은 지식이 없는 사람은 우상 숭배의 위험이 별로 심각하게 생각되지 않을 수 있다. 그런 사람은 신자들이 십계명 가운데서 가장 어길 가능성이 없는 계명이 두 번째 계명일 것이라고 생각한다.

그러나 두 부류의 사람 모두가 인간의 본성을 알지 못하는 무지를 드러내고 있다. 이들은 우리 모두의 내면에 우상 숭배의 은밀한 뿌리가 존재한다는 사실을 이해하지 못한다. 동서고금을 막론하고 이교도들 사이에 우상 숭배가 만연한 현실은 인간의 이성과 지성을 지나치게 믿는 사람을 당혹스럽게 만들 것이다. 그리고 많은 개신교 사역자들이 교회 안에서 우상 숭배를 경계하라고 외치는 현실은 기독교에 관해 깊은 지식이 없는 사람을 어리둥절하게 만들 것이다. 두 부류의 사람 모두가 우상 숭배의 근본 원인에 대해 무지하다.

본성적으로 부패한 인간의 마음이 우상 숭배의 원인이다. 아담의 후손을 오염시킨 이 큰 유전병은 온갖 형태의 죄를 통해 나타나는데, 우상 숭배도 그중 하나이다. 인간의 부패한 마음이라는 동일한 원천에서부터 '악한 생각, 곧 음란과 도둑질과 살인과 간음과 탐욕과 악독과 속임과 음탕과 질투와 비방과 교만과 우매함'(막 7:21,22)이 흘러나온다. 하나님과 그분께 드리는 예배에 대한 잘못된 생각도 바로 거기에서부터 흘러나온다. 그래서 바울은 갈라디아서에서 '육체의 일'을 언급하면서 우상 숭배를 그중 하나로 제시한다(갈 5:19,20 참고).

인간은 형태는 다를지라도 제각기 자신의 종교를 가지고 있다. 우리는 비록 타락했지만, 우리의 내면에는 하나님의 존재를 의식하는 마음이 남아 있다. 폐허 속에 묻혀 있는 고대의 비문(碑文)처럼, 글자들이 채 지워지지 않고 남아 있는 양피지 사본(Palimpsest manuscripts)[1]처럼, 인간의 마음 깊은 곳에는 반쯤 지워진 글자처럼 희미한 무엇인가가 흐릿하게 새겨져 있다. 그러하기에 인간은 어떤 형태로든 종교를 갖고, 어떤 식으로든 무엇인가를 경배하려는 성향을 띤다. 세계 곳곳을 여행하는 항해의 역사에는 이를 증명하는 증거가 많이 남아 있다. 어디를 가더라도 거의 예외 없이 이 진리가 확실히 증명된다.

---

1) 'Palimpsest'는 한 번 쓴 것을 지우고 그 위에 다시 글을 쓴 양피지 사본을 가리킨다. 즉, 나중의 저자가 과거의 저자가 썼던 글을 지우고 나서 그 위에 다시 글을 쓴 양피지 사본을 말한다. 값싼 종이가 발명되기 전에는 옛 사본에 그런 식으로 글을 쓰는 일이 드물지 않았다. 물론 그렇게 글을 썼던 이유는 비용을 절감하기 위해서였다. 그러나 불행히도 나중에 쓴 글이 처음에 쓴 글보다 가치가 훨씬 덜한 경우가 종종 있었다.

세상의 후미진 구석에서 살아가는 사람들은 악한 귀신을 두려워하여 조잡한 미신 행위로 귀신들을 달래고자 노력한다. 인간은 어떤 식으로든 제각기 종교를 믿는다.

이 모든 것이 타락에서 비롯되었다. 하나님께 대한 무지, 그분의 본성과 속성에 대한 천박한 견해, 하나님께 드리는 예배를 속되고도 감각적인 형태로 바꾸는 행위 등은 모두 자연인에게서 나타나는 종교의 특성이다. 인간의 마음에는 자신이 볼 수 있고 느낄 수 있고 만질 수 있는 무엇인가를 추구하려는 성향이 도사리고 있다. 또한 인간은 자신이 섬기는 신을 자신과 같은 천박한 수준으로 끌어내리고 싶어하는 습성을 가진다. 그래서 인간은 자신의 종교를 보고 느낄 수 있는 것으로 만들려고 한다.

자연인에게는 마음과 믿음과 영의 종교라는 개념이 존재하지 않는다. 인간은 하나님을 섬기고 싶어도 은혜로 새롭게 되지 않는 한 타락하고 부패한 삶에서 벗어날 수 없다. 그래서 인간은 어떤 형태로든 우상을 섬길 수밖에 없다. 다시 말해, 성령으로 거듭나지 않은 한, 인간은 잘못된 것을 예배할 수밖에 없다. 한마디로, 우상 숭배는 인간의 마음에서 자연스레 생겨나는 결과물이다. 인간의 마음은 개간되지 않은 땅처럼 언제라도 잡초를 무성히 피워 낼 준비를 하고 있다.

구약 시대의 교회가 모세의 율법이 정한 의식을 지키면서도 동시에 바알브올, 바알세불, 몰록, 그모스, 아스다롯을 섬기고, 산당과 신당과 숲에서 형상들을 경배하면서 끊임없이 우상 숭배의 죄를 저질렀다는 성경의 기록을 읽을 때, 과연 이해할 수 없다는 듯 놀라워해야 하겠는가? 그럴 필요 없다. 왜냐하면 그 이유가 분명하기 때문이다. 거기에는 다 분명한 원인이 있다.

그리스도의 교회 안에서 우상 숭배가 조금씩 복음의 진리를 밀어내고, 캔터베리에서 로마 가톨릭교회가 동정녀 마리아를 섬기는 것보다 더욱 열심히 토마스 베켓(Thomas Becket)을 섬기고, 그리스도보다 동정녀 마리아에게 더 많이 헌신하는 사태가 빚어졌다는 사실을 역사를 통해 접할 때, 과연 이해할 수 없다는 듯 놀라워해야 하겠는가? 그럴 필요 없다. 충분히 이유가 있는 일이기 때문이다. 거기에는 다 분명한 원인이 있다.

오늘날 개신교 교회에서 돌아서 로마 가톨릭교회로 건너간 사람들이 많다는 소식을 들을 때, 이해할 수 없다는 듯 놀라워해야 하겠는가? 그런 일을 참으로 이해하기 어렵다고 하면서, 우리 같으면 결코 순수한 형태의 예배를 버리고 교황을 숭배하지 않았을 것이라고 하겠는가? 그럴 필요 없다. 의문을 해결해 줄 충분한 이유가 있다. 거기에는 다 원인이 있다.

그 원인은 바로 인간의 부패한 마음이다. 우리 모두의 내면에는 천성적으로 성경이 명령하는 예배가 아니라 속되고도 감각적인 예배를 하나님께 드리려는 성향과 습성이 존재한다. 나태함과 불신앙에 사로잡혀 있는 우리 인간은 하나님께 나아가고자 눈에 보이는 보조 수단이나 디딤돌을 고안하고, 결국 하나님께 드려야 할 영광을 우리가 만들어 낸 것에 돌리는 죄를 범한다. 우상 숭배는 살짝 경사진 넓은 길처럼 쉽고 자연스럽다. 그와는 달리 영적 예배는 마치 가파른 비탈길을 올라가듯이 우리의 성향을 거스른다. 오직 은혜로만 영적 예배를 드릴 수 있다. 주 예수 그리스도께서는 '영과 진리로'(요 4:23) 하나님을 예배하라고 말씀하셨지만, 자연인의 마음은 그런 예배를 싫어하고 다른 방법으로 예배하기를 기뻐한다.

나는 세상과 교회에서 행해지는 우상 숭배의 규모가 별로 놀랍지 않다. 앞으로도 틀림없이 우리가 상상하는 것보다 훨씬 더 많은 우상 숭배가 모습을 드러낼 것이다. 마지막 때가 이르기 전에 강력한 적그리스도, 곧 뛰어난 재능과 지성으로 놀라운 통치력을 발휘하고, 심지어 기적까지 척척 행하는 적

그리스도가 나타난다 하더라도 나는 놀라지 않을 것이다. 그런 존재가 나타나 그리스도를 대적하고, 모든 불신자들을 규합해 한마음으로 복음을 핍박한다 하더라도 나는 놀라지 않을 것이다.

지금 "그리스도가 우리를 통치하는 것을 원하지 않습니다"라고 말하는 것을 자랑스럽게 생각하는 많은 이들은 장차 적그리스도를 즐겁게 경배하게 될 것이다. 많은 사람들이 그를 영웅으로 떠받들면서 하나님처럼 섬길 것이다. 그럴 가능성이 충분하다. 한편 지금 모든 형태의 종교를 비웃는 사람들도 우상 숭배의 죄로부터 결코 안전하지 않을 것이 틀림없다. 불신앙에서 어리석음으로, 무신론에서 가장 극악한 우상 숭배로 발전하는 것은 종이 한 장 차이이다. 따라서 우상 숭배는 과거에나 있었던 죄이기 때문에 우리는 절대 그런 죄를 짓지 않으리라 생각해서는 안 된다. "선 줄로 생각하는 자는 넘어질까 조심하라"(고전 10:12)라는 말씀을 절대 잊지 말라. 혹시나 우상 숭배의 씨앗이 숨어 있지는 않은지 항상 우리의 마음속을 살피라. "우상 숭배하는 일을 피하라"라는 바울의 당부를 잊지 말라.

교회 안에 나타난 우상 숭배

이번에는 그리스도의 교회 안에 나타난 우상 숭배에 대해 잠시 살펴보자. 우상 숭배는 어디에서 발견되는가?

많은 사람들은 그리스도의 교회가 절대 배교하지 않고 영원히 보존되리라고 생각한다. 그러나 그런 생각만큼 근거 없는 생각은 없다. 성경뿐만 아니라 현실도 그런 생각을 뒷받침하지 않는다. 물론 주님께서는 "음부의 권세가 이기지 못하리라"(마 16:18)라고 말씀하셨다. 그러나 여기서 말하는 교회는 유형 교회가 아니라 선택받은 자들의 집합체, 곧 하나님께서 모든 민족과 백성 가운데서 불러내신 참신자들이다.

성경의 증언

유형 교회는 종종 극악한 이단 사상을 지지하곤 했다. 유형 교회에 속한 교회 가운데 신앙과 실천의 면에서 치명적인 실수로부터 안전한 교회는 어디에도 없다. 신약성경을 주의 깊게 읽어 본 사람이라면, 유형 교회들이 신앙을 저버리는 모습을 보더라도, 곧 그들이 첫사랑을 버리고 타락하는 모습을 목격하더라도 결코 놀라지 않을 것이다.

우상 숭배는 신약성경이 완성되기 전부터 발생했다. 사도들은 그런 사실을 미리 알고 있었던 것 같다. 참으로 놀랍게도, 바울은 고린도 신자들에게 보낸 편지에서 이 문제에 큰 관심을 기울였다. 그는 "형제라 일컫는 자가……우상 숭배를 하거나……사귀지도 말고 그런 자와는 함께 먹지도 말라"(고전 5:11)라고 말했다. 또한 "그들 가운데 어떤 사람들과 같이 너희는 우상 숭배하는 자가 되지 말라"(고전 10:7)라고 당부했다. 이번 장의 본문에서도 그는 "내 사랑하는 자들아, 우상 숭배하는 일을 피하라"(고전 10:14)라고 말했다. 또한 골로새 신자들에게 보낸 편지에서도 "천사 숭배"(골 2:18)를 하지 말라고 경고했다. 뿐만 아니라 요한 사도는 자신의 편지를 마무리하면서 "자녀들아, 너희 자신을 지켜 우상에게서 멀리하라"(요일 5:21)라고 말했다. 이 모든 말씀은 신자들 사이에서 우상 숭배가 모습을 드러낼 것을 암시한다.

디모데전서 4장 1절에 기록된 유명한 예언은 이 점을 더욱 분명하게 드러낸다.

"성령이 밝히 말씀하시기를 후일에 어떤 사람들이 믿음에서 떠나 미혹하는 영과 귀신의 가르침을 따르리라 하셨으니."

나는 '귀신의 가르침'이라는 이 독특한 표현의 의미를 길게 설명하면서 독자들을 오래 붙잡아 두고 싶지 않다. 단지 우리의 훌륭한 성경 번역자들이 적어도 여기에서는 바울의 의도를 잘못 이해해 '귀신의 가르침'이라는 부적절한 용어를 사용했다고만 말하려 한다. 사실 이것은 "세상을 떠난 영혼들에 관한 가르침"이라고 번역해야 옳다. 이 문제에 관해 우리가 귀를 기울여야 할 권위자들은 모두 그렇게 번역하는 것이 옳다고 주장한다. 결국 이 표현은 장차 가장 그럴듯한 형태의 우상 숭배, 곧 죽은 성도들을 섬기는 행위가 나타날 것을 예고하는 것으로 이해할 수 있다(미드[Mede]의 저서를 참고하라).

마지막으로 요한계시록 9장의 결론 부분인 20절을 주의해서 보라.

"이 재앙에 죽지 않고 남은 사람들은 손으로 행한 일을 회개하지 아니하고 오히려 여러 귀신(디모데전서 4장 1절에 나오는 용어와 똑같다)과 또는 보거나 듣거나 다니거나 하지 못하는 금, 은, 동과 목석의 우상에게 절하고."

요한계시록 9장의 내용에 대해서는 길게 설명하지 않겠다. 거기에 예언된 재앙에 관해서는 참으로 다양한 해석이 있다. 나는 단지 이 재앙이 유형 교회에 임할 가능성이 매우 높다는 점만을 강조하고 싶을 뿐이다. 요한 사도가 복음을 듣지 못한 이교도를 염두에 두고 이렇게 말했을 가능성은 거의 없다. 이 점에 동의한다면, 유형 교회가 우상 숭배의 죄를 저지를 것이라는 사실이 성경에 이미 예고되었다는 사실을 더욱 분명하고도 확실하게 알 수 있다.

역사적 증거

그렇다면 이번에는 성경에서 눈을 돌려 현실을 관찰해 보자. 과연 어떤 현상을 관측할 수 있을까? 성경의 경고와 예언이 아무 이유 없이 주어지지 않았다는 것을 보여 주는 확실한 증거가 있다. 나는 이 점을 자신 있게 말할 수 있다. 우상 숭배는 유형 교회 안에서 실제로 나타났고, 지금도 여전히 존재한다.

지난날 그런 악이 발생해 널리 퍼진 과정이 "우상 숭배의 위험"을 지적하는 국교회의 '교리서'에 잘 요약되어 있다. 모든 사역자들이여, 교리서에 관심을 기울이라. '39개 신앙조항'에 비춰 볼 때, 교리서에는 '이 시대에 필요한 건전하고도 경건한 교리'가 담겨 있다. 교리서에 따르면, 제롬(Jerome)은 일찍이 4세기에도 "형상을 섬기는 오류가 이방인들을 통해 교회에 들어와 신자들에게 전해지고 있다"라고 불평했다. 또한 유세비우스(Eusebius)도 "베드로와 바울과 구세주의 형상이 만들어지고, 식탁에 문양이 새겨졌다. 나는 이것이 모두 예외 없이 이교도의 관습에서 유래해 보존되어 온 것이라고 생각한다"라고 말했다.

교리서에는 이런 내용도 있다. "놀라(Nola)의 주교 폰티우스 파울리누스(Pontius Paulinus)는 예배당의 벽에 구약성경에서 뽑아낸 이야기를 그림으로 그려 넣게 했다. 사람들이 그 그림들을 보고 생각하게 만들어 과음과 과식을 일삼으며 소란을 일으키는 일을 절제하도록 하기 위해서였다. 그러나 사람들이 그림으로 그려진 성경 이야기를 배우면서 그것은 점차 우상 숭배로 발전했다." 또 이런 내용도 있다. "초대 로마 주교 그레고리우스(Gregorius)는 7세기에 교회에 형상을 자유롭게 세우도록 허락했고, 콘스탄티누스(Constantinus) 6세의 모친인 이레네(Irene)는 8세기에 니케아(Nicaea) 종교회의를 소집해 그리스에 있는 모든 교회에 형상을 세우고, 그 형상들을 숭배하고 경배하라는 법령을 공포했다."

교리서는 역사를 간단히 요약하여 다음과 같이 결론지었다. "평신도와 목회자, 배운 자와 못 배운 자, 남녀노소, 신분고하를 막론하고 신자들 모두가 800년 이상 동안 하나님께서 가장 혐오하시는 죄요 인간에게 가장 저주스럽고도 가증스런 죄인 우상 숭배의 죄를 저질렀다."

참으로 개탄스럽게도 이것은 엄연한 사실이다. 교리서 저자들은 800년이라고 말했지만, 우상 숭배의 죄는 그 이전부터 존재했다. 이처럼 사람들이 처음부터 종교의 가시적인 측면을 지나치게 존중했다는 사실을 생각한다면, 초기 교회 안에 우상 숭배의 죄가 존재했다는 사실이 그리 놀랍지 않을 것이다. 편견 없는 눈으로 바라보면, 대다수 교부들이 교회, 주교, 성직 사역, 세례, 성만찬, 순교자, 죽은 성인들에 관해 말하는 바와 성경이 말하는 바가 얼마나 다른지를 금방 알 수 있을 것이다. 그리고 분위기가 사뭇 다른 것을 단번에 파악할 수 있을 것이다. 뿐만 아니라 더 이상 거룩한 땅 위를 걷고 있지 않다는 것을 생생히 실감할 수 있을 것이다. 성경에서 부차적인 것으로 취급되었던 것들이 갑작스레 가장 중요한 위치를 차지하게 되었음을 알 수 있을 것이다. 또한 눈에 보이는 감각적인 것들이 성령의 영감을 받은 바울과 베드로와 야고보와 요한이 단 한 순간도 내주지 않았던 위치에 올라선 것을 알 수 있을 것이다.

이것을 단지 성령의 영감으로 기록되지 않은 글의 약점이라고만 치부할 수는 없다. 이것은 전혀 새로운 체제이다. 이 모든 것을 어떻게 설명할 수 있을까? 마치 우상 숭배라는 전염병이 확산되기 시작한 곳에 발을 들여 놓은 것과 같다. '불법의 비밀'이 이미 활동하기 시작한 것을 감지할 수 있다(살후 2:7 참고). 교리서가 묘사하는 대로, 우상 숭배라는 거대한 체계의 봉오리가 나중에는 정식으로 인정되어 기독교 전체에서 활짝 핀 것을 알 수 있다.

로마 가톨릭에서의 우상 숭배

그렇다면 이번에는 과거에서 현재로 눈을 돌려 보자. 우리를 가장 근심하게 만드는 문제를 살펴보자. 우리 시대에는 유형 교회 안에서 우상 숭배가 어떤 형태로 나타나고 있는지를 함께 생각해 보자.

이 문제에 대해 대답하는 것은 그다지 어렵지 않다. 나는 오늘날 우상 숭배가 로마 가톨릭교회 안에서 가장 극명한 형태로 드러난다고 자신 있게 말할 수 있다.

우리가 살고 있는 요즘 시대의 분위기를 고려하면, 이렇게 말하기가 다소 부담스럽다. 그러나 그리스도를 섬기는 사역자는 시대의 분위기나 사람들의 이목을 의식하기보다 진리를 담대히 외쳐야 한다. 우상 숭배가 로마 가톨릭교회의 가장 큰 죄

가운데 하나라고 말하지 않는다면, 우상 숭배라는 주제를 다룬 글을 쓰고 나서도 마음이 조금도 편하지 않을 것이다. 물론 이렇게 말하자니 마음이 서글프다. 개신교 교회 안에도 잘못이 많다. 우리 개신교에서도 실천적인 차원에서는 더러 적지 않은 우상 숭배의 죄를 저지르고 있을 것이 분명하다. 그러나 우리 개신교는 적어도 공공연히 체계적으로 우상 숭배의 죄를 저지르지는 않는다. 만일 로마 가톨릭교회의 예배에서 조직과 체계를 갖춘 온갖 형태의 우상 숭배가 나타나지 않는다면, 나는 내가 우상 숭배가 무엇인지를 모른다고 솔직하게 인정할 것이다.

첫째, 나는 교회 안에 성인의 형상과 그림을 안치해 놓고 그들을 경배하는 행위가 우상 숭배에 해당한다고 생각한다. 성경에는 그런 행위를 지지하는 증거나 사례가 없다. 만일 이것이 우상 숭배라면, 로마 가톨릭교회의 행위는 명백하게 우상 숭배에 해당한다.

둘째, 나는 동정녀 마리아와 영광 중에 있는 성도들을 향해 오직 성삼위 하나님께만 적용되는 성경의 표현으로 기도하는 행위가 우상 숭배에 해당한다고 생각한다. 만일 이것이 우상 숭배라면, 로마 가톨릭교회의 행위는 명백하게 우상 숭배에 해당한다.

셋째, 나는 한갓 물건일 뿐인 것에 구약 시대의 언약궤나 제단보다 훨씬 더 큰 능력과 신성함을 부여하고, 그 앞에 절하는 행위가 우상 숭배에 해당한다고 생각한다. 물건에 능력과 신성함을 부여하는 행위를 지지하는 근거는 성경 어디에도 없다. 그런데도 로마 가톨릭교회는 트레브(Treves)의 성의(聖衣)와 수많은 성인의 유골을 숭배하는 것은 물론, '성(聖) 십자가의 나무(그리스도께서 못 박히신 십자가의 나무)'라고 일컫는 것까지 신성시한다(그 나무가 어찌 그리 많은지 참으로 놀랍기만 하다). 만일 이것이 우상 숭배라면, 로마 가톨릭교회의 행위는 명백하게 우상 숭배에 해당한다.

넷째, 나는 인간의 손으로 만든 것을 하나님이라 일컬으며, 그것을 우리의 눈앞에 높이 들어 올려 경배하는 행위가 우상 숭배에 해당한다고 생각한다. 만일 이것이 우상 숭배라면, '화체설(transubstantiation, 성찬식 때 떡과 포도주의 외형은 변하지 않지만 그 실체가 그리스도의 살과 피로 변한다는 이론)'을 지지하고, 성체(聖體)를 들어 올리는 로마 가톨릭교회의 행위는 명백하게 우상 숭배에 해당한다.

다섯째, 나는 하나님과 우리 사이에 사람을 중보자로 세워 우리 주 예수 그리스도의 직임을 빼앗을 뿐 아니라, 심지어 사도들과 천사들조차도 단호히 거부했던 영광을 그에게 부여하는 행위가 우상 숭배에 해당한다고 생각한다. 만일 이것이 우상 숭배라면, 교황과 사제들에게 영광을 돌리는 로마 가톨릭교회의 행위는 명백하게 우상 숭배에 해당한다.

나는 많은 사람들이 내 말에 동의하지 않는다는 것을 잘 알고 있다. 사람들은 자신이 인정하고 싶지 않은 죄를 지적하면 애써 외면하려 한다. 사람들은 달갑지 않은 결과를 가져올 사안에 대해서는 관심을 기울이려고 하지 않는다. 로마 가톨릭교회가 오류를 범하고 있다고 말하면 혹시 인정할지 몰라도, 로마 가톨릭교회가 우상 숭배의 죄를 저지르고 있다고 말하면 절대 인정하지 않을 것이다.

사람들은 로마 가톨릭교회가 성인과 형상들을 존중하는 행위를 우상 숭배로 생각하지 않는다. 그들은 '라트리아(latria, 하나님께만 드리는 최고의 예배)와 둘리아(dulia, 성인에 대한 예배),'[2] '구원을 중재하는 중보와 기도를 중재하는 중보'는 서로

---

2) '라트리아'와 '둘리아'는 둘 다 '예배'를 뜻하는 헬라어이다. 그러나 전자가 후자에 비해 훨씬 더 강한 의미를 지닌다. 로마 가톨릭교회는 성인들에게는 '라트리아'에 해당하는 예배가 아니라 '둘리아'에 해당하는 예배만 드린다고 주장한다.

다르다는 말로 로마 가톨릭교회에 면죄부를 주려고 한다. 그러나 나는 성경이 그런 구분을 인정하지 않는다고 대답한다. 더욱이 대다수 로마 가톨릭 신자들의 실천 행위를 관찰해 보면, 그들조차도 그것을 잘 구분하지 못한다는 것을 금방 알 수 있다.

사람들은 로마 가톨릭교회가 형상과 그림을 숭배하고 그 앞에 예배한다고 하는 것은 옳지 않다고 말한다. 사람들은 그것은 단지 경건생활을 돕는 보조 수단일 뿐, 실제로는 그들보다 훨씬 뛰어난 것을 바라보는 행위라고 설명한다. 그러나 많은 이교도들도 그런 식으로 자신들의 우상 숭배를 변명한다. 잘 알다시피, 그들은 과거에 그런 식으로 자신들의 행위를 정당화했다. 인도에 있는 수많은 우상 숭배자들은 오늘날에도 그런 변명을 늘어놓는다. 그런 식의 변명은 아무런 소용이 없다. 두 번째 계명은 매우 엄격하게 말한다. 두 번째 계명은 형상을 예배하는 것은 물론, 그 앞에 절하는 것조차도 엄격히 금지한다. 그래서 로마 가톨릭교회는 종종 초조한 기색을 드러내며, 교리문답에서 두 번째 계명을 배제하려고 노력하곤 했다. 이 사실을 정직하게 바라본다면, 많은 것을 깨닫게 될 것이다.

사람들은 이 문제에 대한 우리의 주장이 아무 근거가 없다고 말한다. 그들은 우리가 단지 일부 무지한 로마 가톨릭 신자들에게 널리 퍼져 있는 잘못된 관행을 비판하는 것일 뿐이라고 말한다. 그러면서 학식이 높고 지혜로운 사람들이 그렇게 많은 교회가 우상을 숭배한다고 주장하는 것은 터무니없다고 공박한다. 그러나 로마 가톨릭 신자들이 공동으로 사용하는 예전을 살펴보면 이에 대해 확실한 증거를 발견할 수 있다.

나의 주장이 의심스럽다면, 『영혼의 동산』(*The Garden of the Soul*)이라는 책을 펼쳐 동정녀 마리아에 대해 뭐라고 표현하는지를 읽어 보라. 마리아는 주님의 어머니요 많은 사람들에게서 사랑을 받고 있지만, 우리와 똑같은 죄인에 지나지 않는다. 그런 여인에게 어떻게 그런 표현을 사용할 수 있는지 깊이 생각해 보라. 마리아도 구원자가 필요하다고 고백했던 한 여인일 뿐이다. 그녀는 "내 마음이 하나님 내 구주를 기뻐하였다"(눅 1:47 참고)라고 말했다. 그 책에서 마리아에게 사용된 표현을 신약성경에 비춰 생각해 보고, 우상 숭배라는 주장이 사실인지 아닌지를 솔직하게 대답해 보라.

뿐만 아니다. 사실 로마라는 도시에서는 너무나 명백한 증거를 찾을 수 있다. 사람들이 어떤 태도로 교황의 얼굴을 대하는가? 성 베드로 성당 주변과 바티칸의 벽 아래서 어떤 종교

행위가 자행되고 있는가? 로마라는 곳에서는 교황주의가 그 어떤 방해도 받지 않고 온전한 형태로 자유롭게 발전하고 있지 않은가? 이런 물음에 대해 솔직하게 대답해 보라. 그리하면 나도 더 이상 따지지 않겠다.

사람들에게 시모어(Seymour)의 『로마 순례』(Pilgrimage to Rome)나 『알퍼드의 편지』(Alford's Letters)를 읽어 보게 하라. 또 로마의 방문객들 가운데 아무에게나 그림들이 어떤 대접을 받고 있느냐고 물어보라. 그렇게 하면, 교회 숭배와 성례 숭배, 마리아 숭배와 성인 숭배, 형상 숭배와 유골 숭배, 사제 숭배가 바로 교황주의의 참된 본질이라고 결론짓지 않을 수 없을 것이다. 한마디로, 교황주의가 조직화된 거대한 우상 숭배의 체제라는 것을 알게 될 것이다.

나는 이런 말이 많은 사람들의 귀에 매우 거슬릴 것을 잘 알고 있다. 자기 자신을 기독교인으로 생각하고 고백하는 사람들의 결점을 지적하는 것은 결코 즐거운 일이 아니다. 솔직히 말해, 이렇게 말하자니 마음이 몹시 아프고 서글프다.

나는 로마 가톨릭교회가 공인하는 교리와 가톨릭의 신자들 개개인이 갖고 있는 견해를 구별하고 싶다. 나는 로마 가톨릭교회의 신자들 가운데 많은 사람들이 마음으로는 자신의 신앙

고백과는 다른 견해를 지니고 있으리라 믿는다. 나는 그들이 자신이 속해 있는 교회보다 여러 측면에서 더 낫다고 믿으며, 또 그렇게 되기를 바란다.

  나는 얀센주의자(Jansenists)들을 비롯해 케넬(Quesnel)과 마틴 부스(Martin Boos)를 잊을 수 없다. 내가 알기로, 오늘날에도 더 나은 예배를 알지 못하는 탓에 우상 숭배나 다름없는 예배를 드리는 가엾은 이탈리아 사람들이 많다. 그들은 성경을 올바로 배우지도 못하고, 또 그들을 가르칠 충실한 사역자도 없는 상황에 처해 있다. 그들은 사제들이 두려워서 스스로 생각하며 살아가지 못하고, 마음으로는 속박의 현실에서 벗어나고 싶어도 돈이 없어서 그렇게 하지 못한다. 이탈리아 사람들은 충분히 우리의 동정과 위로를 받을 만하다. 그러나 그렇다고 하더라도 나는 로마 가톨릭교회가 우상을 숭배하는 교회라고 말하지 않을 수 없다.

  그렇게 말하지 않는다면, 나는 충실한 사람이 아닐 것이다. 내가 사역하고 있는 교회는 이 문제를 강하게 비판해 왔다. 우리의 교리서는 '우상 숭배의 위험'을 지적하고 있다. 우리의 전례 규범인 공동 기도서의 마지막 부분에서는, 성만찬의 떡과 포도주를 숭배하는 것을 '모든 충실한 신자가 혐오하는 우상 숭배'라고 비판한다. 이렇듯 나는 국교회의 공식 입장을 대변할 뿐이다.

요즘 일부 사람들은 로마 가톨릭교회로 돌아가려 하고 있다. 또 많은 사람들이 로마 가톨릭교회의 참된 속성을 외면한 채 국교회와 가톨릭교회의 재결합을 바라고 있다. 이런 때 로마 가톨릭교회가 우상을 숭배하는 교회이며, 그런 교회에 합류하는 것은 곧 '우상과 연합'(호 4:17)하는 것이라고 솔직하게 경고하지 않는다면, 나의 양심이 나를 꾸짖을 것이다.

이 문제에 대해서는 더 길게 말하지 않겠다. 내가 사람들에게 각인시켜 주고 싶은 요점은, 우상 숭배가 유형 교회 안에서 자행되어 왔고, 특히 로마 가톨릭교회에서 그 실체를 가장 극명하게 드러냈다는 것이다.

우상 숭배의 궁극적 철폐

마지막으로 우상 숭배의 궁극적 철폐라는 주제를 잠시 생각해 보자. 우상 숭배는 과연 언제 끝날까?

우상 숭배가 더 이상 존재하지 않는 때를 갈망하지 않는 사람은 그 영혼이 건강하다고 말할 수 없다. 수많은 사람들이 이

교에 빠져 있고, 마호메트와 같은 거짓 선지자를 숭배하며, 동정녀 마리아에게 날마다 기도하는 것을 본다. 그런데도 "오, 나의 하나님! 이런 일들이 언제 사라질까요? 오, 주님! 얼마나 오래 기다려야 합니까?"라고 부르짖지 않는다면, 그의 마음이 하나님과 올바른 관계를 맺고 있다고 말하기는 어렵다.

다른 주제와 마찬가지로, 이 주제에 대해서도 우리에게 도움이 될 만한 확실한 예언이 있다. 언젠가는 모든 우상 숭배가 완전히 사라질 것이다. 우상 숭배의 철폐는 이미 정해진 일이다. 이교 신전에서든 기독교 교회에서든, 우상 숭배는 주 예수 그리스도께서 재림하시는 날 완전히 사라질 것이다.

그날이 되면, "우상들은 온전히 없어질 것이며"(사 2:18)라는 이사야의 예언이 성취될 것이다. 그날이 되면, "내가 네가 새긴 우상과 주상을 너희 가운데에서 멸절하리니 네가 네 손으로 만든 것을 다시는 섬기지 아니하리라"(미 5:13)라는 미가의 예언에 성취될 것이다. 그날이 되면, "여호와가 그들에게 두렵게 되어서 세상의 모든 신을 쇠약하게 하리니, 이방의 모든 해변 사람들이 각각 자기 처소에서 여호와께 경배하리라"(습 2:11)라는 스바냐의 예언이 성취될 것이다. 그날이 되면, "그 날에 내가 우상의 이름을 이 땅에서 끊어서 기억도 되지 못하게 할 것이며, 거짓 선지자와 더러운 귀신을 이 땅에서 떠나게 할 것이라"(슥 13:2)라는 스가랴의 예언이 성취될 것이다. 한마디로, 그날이 되면 시편 97편 1-7절의 말씀이 온전히 이루어질 것이다.

"여호와께서 다스리시나니 땅은 즐거워하며 허다한 섬은 기뻐할지어다. 구름과 흑암이 그를 둘렀고 의와 공평이 그의 보좌의 기초로다. 불이 그의 앞에서 나와 사방의 대적들을 불사르시는도다. 그의 번개가 세계를 비추니 땅이 보고 떨었도다. 산들이 여호와의 앞 곧 온 땅의 주 앞에서 밀랍같이 녹았도다. 하늘이 그의 의를 선포하니 모든 백성이 그의 영광을 보았도다. 조각한 신상을 섬기며 허무한 것으로 자랑하는 자는 다 수치를 당할 것이라. 너희 신들아 여호와께 경배할지어다."

주 예수 그리스도의 재림은 현시대를 살아가는 하나님의 자녀들을 위로하는 복된 소망이 아닐 수 없다. 주님의 재림은 우리가 바라보아야 할 북극성과 같다. 우리의 모든 기대가 거기에 집중된다. 성경은 "잠시 잠깐 후면 오실 이가 오시리니 지체하지 아니하시리라"(히 10:37)라고 말한다. 우리의 다윗이신 주님은, 많은 사람들에게서 배척을 받으며 멸시받는 소수의 무리만을 거느린 채 아둘람 동굴에서 거하시지 않을 것이다. 장차 그리스도께서 모든 권세를 가지고 다스리실 것이다. 사람들이 모두 무릎을 꿇고 그분 앞에 절하게 될 것이다.

그날이 오기 전까지 우리는 구원을 온전히 누릴 수 없다. 바울은 에베소 신자들에게 "너희가 구원의 날까지 인치심을 받았느니라"(엡 4:30)라고 말했다. 그날이 오기 전까지 우리의 구원은 아직 완성되지 않는다. 베드로는 "너희는 말세에 나타내기로 예비하신 구원을 얻기 위하여 믿음으로 말미암아 하나님의 능력으로 보호하심을 받았느니라"(벧전 1:5)라고 말했다. 그날이 오기 전까지는 우리의 지식도 완전하지 못하다. 바울은 고린도 신자들에게 "우리가 지금은 거울로 보는 것같이 희미하나 그때에는 얼굴과 얼굴을 대하여 볼 것이요, 지금은 내가 부분적으로 아나 그때에는 주께서 나를 아신 것같이 내가 온전히 알리라"(고전 13:12)라고 말했다. 간단히 말해, 가장 좋은 것들은 아직 이루어지지 않았다.

주님이 재림하시는 날 모든 바람이 온전히 이루어질 것이다. 끊임없는 실패와 연약함과 좌절에 짓눌린 고달픈 삶을 더는 살지 않을 것이다. 그분 앞에서 그 어디에서도 느낄 수 없는 충만한 기쁨을 느끼게 될 것이다(시 16:11 참고). 잠에서 깨어나는 그날, 주님의 형상을 보고, 전에는 결코 느껴본 적이 없는 만족을 느끼게 될 것이다(시 17:15 참고).

오늘날 에스겔 시대의 충실한 자들처럼 슬퍼 탄식할 수밖에 없는 가증한 일들이 유형 교회 안에서 많이 일어나고 있다(겔 9:4 참고). 우리는 그것들을 제거할 수 없다. 알곡과 가라지는 추수할 때까지 함께 자란다. 그러나 주 예수님께서 다시 한 번 성전을 깨끗하게 하시고, 더러운 것을 모두 제거하실 날이 올 것이다. 오래전에 히스기야와 요시야가 행했던 개혁은 그리스도의 궁극적인 성전 정화를 가리키는 희미한 예표였다. 그리스도께서는 장차 모든 형상을 제거하고, 모든 형태의 우상 숭배를 철폐하실 것이다.

오늘날 이교도의 회심을 간절히 바라는 사람이 누구인가? 주님이 재림하셔야만 비로소 이방인의 회심이 온전히 이루어질 것이다. 그날이 되어야만 종종 잘못 적용되곤 하는 말씀, 곧 "사람이 자기를 위하여 경배하려고 만들었던 은 우상과 금 우상을 그날에 두더지와 박쥐에게 던지고"(사 2:20)라는 말씀이 온전히 성취될 것이다.

오늘날 이스라엘의 구원을 간절히 바라는 사람이 누구인가? 구원자가 시온에 오셔야만 비로소 그 일이 온전히 이루어질 것이다. 교회 안에 나타난 우상 숭배는 유대인의 구원을 가로 막는 가장 큰 걸림돌 가운데 하나이다. 그것이 사라져야만 이스라엘의 마음을 가린 휘장이 걷히게 될 것이다.

오늘날 적그리스도가 몰락하고 로마 가톨릭교회가 깨끗하게 되기를 간절히 바라는 사람이 누구인가? 그 일이 이루어지려면, 이 세대가 다 지나가야 한다. 장차 주님의 영께서 그 입의 기운으로 우상 숭배의 방대한 체계를 소멸하실 것이다. 주님이 재림하시기 전에는 그 무엇도 우상 숭배를 온전히 폐할 수 없을 것이다(살후 2:8 참고).

오늘날 완전한 교회, 곧 우상 숭배에서 온전히 자유로운 교회를 간절히 바라는 사람이 누구인가? 주님이 재림하실 때까지 기다려야 한다. 그때가 되어야만 비로소 완전한 교회, 곧 "티나 주름 잡힌 것이나 이런 것들이 없이"(엡 5:27), 모든 지체가 거듭난 하나님의 자녀들로만 구성된 교회를 보게 될 것이다.

이것이 사실이라면, 우리는 사람들에게 열심히 예언을 연구하라고 권고하며, 다른 무엇보다도 그리스도의 재림과 그분의 왕국에 관한 영광스런 교리를 굳게 붙잡으라고 당부하지 않을 수 없다. 이것이 우리가 깊이 주의해야 할 "어두운 데를 비추는 등불"(벧후 1:19)이다. 다른 사람들이 "미래의 교회"라는 가상적 현실을 바라보기를 원한다면 그대로 놔두라. 이 세상의 자녀들이 모든 것을 이해하고 모든 것을 바로잡을 미래의 인간을 꿈꾸도록 놔두라. 그들은 단지 비참한 절망의 씨앗을 뿌리고 있을 뿐이다. 장차 자신들의 바람이 아무 근거 없는 공허한 꿈에 지나지 않았다는 것을 깨닫게 될 것이다. 그런 사람들은 모두 이사야 선지자의 예언대로 되고 말 것이다.

"보라 불을 피우고 횃불을 둘러 띤 자여, 너희가 다 너희의 불꽃 가운데로 걸어가며 너희가 피운 횃불 가운데로 걸어갈지어다. 너희가 내 손에서 얻을 것이 이것이라. 너희가 고통이 있는 곳에 누우리라"(사 50:11).

그러나 우리의 눈을 똑바로 뜨고 그리스도의 재림을 바라보라. 오직 그날에 잘못된 것이 모두 교정되고, 모든 부패와 슬픔의 원인이 완전히 사라질 것이다. 그날을 기다리면서 이 세대 사람들을 섬기고, 열심히 권유하라. 아무리 노력해도 악을 저지할 수 없다고 하면서 나태해지거나 모든 것이 주님께 복종하지 않는다는 이유로 낙심하지 말라. 밤이 깊을 대로 깊었으므로 이제 곧 새날이 밝아 올 것이다. 우리 모두 주님을 기다리자.

이것이 사실이라면, 우리는 사람들에게 로마 가톨릭교회를 좋게 여기는 성향이나 생각을 경계하라고 경고해야 한다. 우상 숭배에 대한 하나님의 생각이 성경에 분명하게 계시되어 있다. 따라서 로마 가톨릭교회처럼 우상 숭배에 깊이 물든 교회를 선택하는 행위는 무분별함의 극치가 아닐 수 없다. 하나님께서는 "내 백성아, 거기서 나와 그의 죄에 참여하지 말고 그가 받을 재앙들을 받지 말라"(계 18:4)라고 말씀하신다. 그런데도 로마 가톨릭교회와 관계를 맺겠는가? 주님은 로마 가톨릭교회를 떠나라고 하시는데 오히려 그곳에 가기를 희망하고, 주님은 "도망하여 생명을 보존하라. 다가올 진노를 피하라"라고 말씀하시는데 로마 가톨릭교회의 신복이 되겠는가? 이는 참으로 이성을 잃은 처사가 아닐 수 없다. 마치 미리 경고를 받고서도 침몰하는 배 위에 올라타는 것과 같다. 우리의 눈으로 그렇게 되풀이되는 죄악을 보지 못하는 것은 도무지 믿기 힘든 무지가 아닐 수 없다.

우리 모두 조심해야 한다. 그 어떤 것도 당연시해서는 안 된다. 하사엘은 "당신의 개 같은 종이 무엇이기에 이런 큰일을 행하오리이까"(왕하 8:13)라고 말했다. 그처럼 우리도 지혜롭기 때문에 덫에 걸리지 않을 것이라고 성급히 장담해서는 안 된다. 말씀을 전하는 자들은 조금도 주저하지 말고 크게 외쳐야 한다. 관용을 베푸는 척하면서 이 시대의 이단 사상을 용납해서는 안 된다. 또한 말씀을 듣는 자는 진리로 허리를 동이고, 모든 우상 숭배자들이 당하게 될 마지막 처지를 예언하는 말씀으로 생각을 단단히 무장해야 한다. 말세가 이르렀다. 모든 우상 숭배가 철폐될 그날이 신속히 다가오고 있다. 이를 기억하라.

지금이 로마 가톨릭교회를 가까이할 때인가? 함께 몰락하지 않으려면, 더 멀찍이 피해 안전거리를 유지해야 하지 않겠는가? 지금이 로마 가톨릭교회의 여러 가지 오류를 과소평가하고, 그 죄의 현실을 눈감아 주어야 할 때인가? 오히려 경각심을 두 배로 높여 로마 가톨릭교회의 성격을 띤 요소가 신앙에 침투하지 않는지를 살피고, 주 예수 그리스도께 반역을 저지르는 행위를 눈감아 주지 말아야 할 때가 아닌가? 우리는 모든 형태의 비성경적 예배를 철저히 경계해야 한다. 다시 한 번, 우상 숭배가 모두 확실하게 끊어질 것임을 기억하자. 그 사실을 기억하고, 로마 가톨릭교회를 경계하자.

모든 개신교 사역자는 이 주제에 진지하게 관심을 기울여야 한다. 이는 매우 긴급하고도 중요한 문제가 아닐 수 없다. 요즘 영국의 목회자와 평신도 중 상당수가 우상을 숭배하는 로마 가톨릭교회와 국교회를 다시금 결합시키고자 온갖 노력을 기울이고 있다. 퓨지(Pusey)가 저술한 『평화 제의』(Eirenicon)라는 두려운 책과 "기독교계의 통합을 촉진하기 위한 협회(Society for Promoting the Union of Christendom)"의 결성이 이를 증명하는 단적인 예이다. 누구든 이런 현상을 명백히 알 수 있다.

지난 40년 동안의 영국 국교회의 역사를 주의 깊게 살펴본 사람은 이런 현상에 그다지 놀라지 않을 것이다. 그동안 트랙트 운동(Tractarianism)[3]과 의식주의를 지지하는 사람들은 끊임없이 로마 가톨릭교회와의 재결합을 추구해 왔다. 많은 사람들이 자신의 입장을 솔직하게 밝히며 국교회를 떠나 노골적인 교황주의자가 되었다. 게다가 국교회 신자라는 이름만 가지고 그 울타리 안에 남아 있는 사람들의 숫자는 그보다 훨씬 더 많다.

그동안 많은 교회 안에 로마 가톨릭교회를 방불케 하는 화려한 의식이 도입되어 사람들이 쉽게 교황주의에 관심을 기울이게 되었다. 또한 우상 숭배나 다를 바 없는 태도로 극적인 연출을 꾀하며 성찬식을 거행함으로써 화체설을 인정하는 발판을 마련했다. 개신교를 무너뜨리려는 과정이 오랫동안 꾸준

---

[3] 역자주 – 1833년 이후 옥스퍼드 대학을 중심으로 일어난 영국 국교회 재건 운동을 말한다. 이 운동을 이끈 뉴먼과 퓨지, 키블(Keble) 등이 옥스퍼드 대학의 평의원이어서 이를 옥스퍼드 운동(Oxford movement)이라고 불렀으며, 트랙트 운동이라는 명칭은 처음에 『시국소책자』(Tracts for the Times)라는 문서 활동으로 이 운동이 전개된 데서 유래하였다.

히 성공적으로 진행되어 왔다. 안타깝게도 영국 국교회는 언제 무너질지 모르는 상황에 봉착했다. 개신교 교회로서의 국교회의 존립이 매우 위태로워졌다.

로마 가톨릭교회와의 재결합을 추구하는 운동을 단호하게 저지하려는 노력을 꾸준히 해 나가야 한다. 그런 운동은 지지자들의 신분이나 학식, 열정에 상관없이 영혼을 파괴하는 가장 해롭고도 비성경적인 운동이다. 로마 가톨릭교회와의 재결합이 순교한 개혁자들에 대한 모독이라고 말하는 정도로는 약하다. 사실 그것은 그보다 훨씬 더 심각한 움직임이다. 그것은 하나님을 거역하는 죄이자 불법이다. 내가 사랑하는 교회가 우상을 숭배하는 로마 가톨릭교회와 재결합하는 모습을 보느니 차라리 멸망해 산산이 부서지는 모습을 보는 편이 낫다. 다시 교황주의를 선택하느니 차라리 죽는 편이 낫다.

일치는 이론상으로는 매우 고귀한 개념이다. 그러나 진리 없는 일치는 아무 유익이 없고 해로울 뿐이다. 평화와 화합은 귀하고 아름답다. 그러나 복음 없는 평화, 곧 공통된 믿음이 아니라 획일화된 감독 제도에 뿌리를 둔 평화는 이름에 걸맞지 않은 무익한 평화에 지나지 않는다.

로마 가톨릭교회가 트렌트 종교회의의 결정과 신조에 덧붙인 조항들을 철회하고, 성경에 근거하지 않은 거짓 교리를 버리고, 형상 숭배와 마리아 숭배와 화체설을 공식적으로 포기해야만 우리는 비로소 그들과의 재결합을 논의할 수 있다. 그들이 그것을 포기하고 철회하기 전에는 솔직히 그들과 우리의 간극을 메울 방법이 없다.

모든 국교회 사역자들이여, 그렇게 되기 전까지는 로마 가톨릭교회와 재결합을 추진하려는 운동을 목숨을 걸고 막으라. 그렇게 되기 전에는, "로마 가톨릭교회와의 평화는 없다. 우상 숭배자들과의 교제는 없다"라는 말이 항상 우리의 표어가 되어야 한다.

훌륭한 주교 쥬얼은 저서 『변증학』(Apology)에서 "우리는 사람들과의 일치와 평화를 거부하지 않는다. 그러나 사람들과 평화를 누리기 위해 하나님과 전쟁을 치를 수는 없는 노릇이다. 교황이 진정으로 우리와 화해하고자 한다면, 먼저 자신이 하나님과 화해해야 할 것이다"라고 말했다. 그의 말은 참되다. 만일 모든 국교회의 주교가 쥬얼 같다면, 국교회는 크게 번영할 것이다.

이렇게 말하자니 마음이 슬프다. 그러나 이 시대의 상황을 생각하면, 이렇게 말하지 않을 수가 없다. 어디를 둘러보든 경각심을 불러 일으켜야 할 심각한 필요성을 느낀다. 그리스도의 참된 교회에 대해서는 아무런 걱정이 없다. 그러나 국교회를 비롯해 영국의 개신교 교회들을 생각하면 참으로 마음이 무겁고 답답하다. 시대의 조류가 개신교를 강하게 거스르고, 로마 가톨릭교회를 지지하는 쪽으로 흘러가고 있다. 마치 하나님께서 우리 민족과 변론하시고, 우리의 죄를 징계하고 다스리시려는 듯하다.

나는 예언자가 아니다. 나는 우리가 어디로 떠내려갈지를 알지 못한다. 그러나 이대로 가다가는 불과 몇 년 안에 영국 국교회가 로마 가톨릭교회와 재결합할 가능성이 매우 높다. 교황주의자가 다시금 영국의 왕관을 머리에 쓸지도 모른다. 개신교가 공식적으로 거부될 수도 있다. 로마의 대주교가 다시금 램버스 궁전(Lambeth Palace)의 주인이 될지도 모른다. 웨스트민스터 사원과 세인트폴 대성당에서 다시금 미사가 행해질 수도 있다. 그렇게 되면, 성경을 읽을 줄 아는 신자들이 국교회를 떠나든지, 아니면 우상 숭배를 인정하고 우상 숭배자가 되든지, 둘 중 하나를 선택해야 할 것이다.

하나님이 우리를 도와주셔서 그런 상황에 처하지 않기를 간절히 바란다. 그러나 이대로 가다가는 그런 결과를 맞이하게 될 것이 불을 보듯 뻔하다.

우상 숭배로부터 영혼을 지키는 방책

이제 지금까지 논의한 내용을 마무리하면서 이 글을 읽은 사람들의 영혼을 안전하게 지켜 줄 몇 가지 방책을 제시하고자 한다. 오늘날 로마 가톨릭교회는 새로운 활력을 띠고 우리 가운데서 버젓이 활보하며, 전에 잃었던 영역을 곧 되찾게 되리라고 큰소리치고 있다. 온갖 종류의 거짓 교리가 가장 그럴듯하고 은밀한 모습으로 우리를 끊임없이 유혹한다. 그러므로 우상 숭배를 막을 방책을 몇 가지 제시하는 것이 매우 시의 적절한 일일 듯하다. 지금까지 우상 숭배의 본질과 원인, 우상 숭배가 일어나는 장소와 그 궁극적인 철폐에 관해 살펴보았다. 이제 우상 숭배로부터 우리를 안전하게 지킬 수 있는 방법만 살펴보면 내가 할 말을 모두 한 셈이다.

하나님의 말씀에 관한 철저한 지식으로 무장하라

하나님의 말씀에 관한 철저한 지식으로 무장하라. 성경을 더욱 열심히 읽고, 그 모든 내용에 정통하라. 말씀이 우리 안에 풍성히 거하게 하라. 성경을 아는 일에 마음과 시간을 할애하지 못하도록 방해하는 것은 무엇이든 경계하라. 성경은 성령의 검이다. 성령의 검을 한쪽에 버려두지 말라. 성경은 구름이 잔뜩 낀 어두운 때에 빛을 비추는 등불과 같다. 그 빛이 없이 길을 가지 않도록 조심하라.

참으로 개탄스럽게도 많은 사람들이 국교회에서 로마 가톨릭교회로 전향했다. 그 은밀한 역사를 잘 알고 있는지 궁금하다. 그런 사례들을 살펴보면, 잘못된 길로 치우치게 된 가장 중요한 원인이 성경을 소홀히 여긴 것이었다는 강한 의구심을 떨쳐버릴 수가 없다. 그것은 거의 대부분 성경에 대한 관심은 점점 거두고 예전과 성례와 매일의 봉사와 초기 기독교에 대한 관심은 점점 키워 간 데서 비롯된 결과였다. 성경은 천하 만민의 공도(公道)이다. 그 길을 떠나 아름답고 오래되고 사람들의 통행이 빈번한 것처럼 보이는 곁길을 선택한다면, 결국 형상과 유골을 숭배하고 정기적으로 고해실을 찾는 습관에 치우칠 수밖에 없다.

복음을 철저히 고수하라

복음의 가장 작은 부분까지도 철저히 고수하려는 경건한 열정으로 자신을 무장하라. 복음의 일점일획이라도 제거하려는 움직임이 눈에 띄거나 부차적인 신앙의 요소들을 더욱 부각시켜 복음의 참된 요소를 흐릿하게 만들려는 시도가 조금이라도 엿보이거든, 절대 동조하지 않도록 주의하라. 베드로가 이방인과 음식을 같이 먹으려고 하지 않았던 행동은 겉으로는 매우 사소한 문제인 것처럼 보였다. 그러나 바울은 갈라디아 신자들에게 "내가 그를 대면하여 책망하였노라"(갈 2:11)라고 말했다.

우리의 영혼과 관련된 문제라면 그 무엇도 사소하게 생각하지 말라. 우리의 예배와 관련된 문제라면 무엇이든 조심하라. 누구의 설교를 듣는지, 우리가 어디로 가고 있는지, 또 무엇을 하고 있는지를 항상 꼼꼼히 따지라. 결벽증이 심하고 너무 예민하다는 비난을 들어도 조금도 개의치 말라. 우리는 사소한 행위가 중요한 원리들에 영향을 미치는 시대에 살고 있다. 50년 전에는 전혀 중요하지 않았던 신앙의 문제들이 지금은 매우 중요해졌다.

로마 가톨릭으로 돌아가려는 경향이 있는 것은 무엇이든 멀리하려고 노력하라. 불을 가지고 장난하는 것은 어리석은 짓이다. 개신교를 버리고 돌아선 배교자와 탈퇴자들 가운데 많은 이들이 외적인 요소에 약간의 중요성을 더하는 것이 조금도 해가 되지 않으리라 생각한 데서 시작해 잘못된 길로 치우쳤다. 한 번 퇴락의 길로 접어든 그들은 점차 깊은 수렁에 빠져 들었다. 그들은 하나님의 분노를 자극했고, 하나님은 그런 그들을 돌보지 않고 내버려 두셨다. 그 결과 그들은 더욱 강력하게 미혹되어 거짓을 믿기에 이르렀다(살후 2:11 참고). 그들은 마귀를 시험하다가 그에게 완전히 사로잡히고 말았다. 그들은 사소한 것에서 시작해(어리석게도 많은 사람들이 그런 일을 사소하다고 생각한다) 결국 노골적인 우상 숭배로 나아갔다.

예수 그리스도와 구원에 관한 올바른 교리로 무장하라

우리 주 예수 그리스도와 그분 안에 있는 구원에 관한 건전하고도 명확한 교리로 무장하라. 그리스도께서는 "보이지 아니하는 하나님의 형상"(골 1:15)이요 "그 본체의 형상"(히 1:3)이시다. 그리스도를 아는 참된 지식은 모든 우상 숭배로부터 우리를 안전하게 지켜 주는 보호책이다. 그리스도께서 십자가에서 이루신 사역의 토대 위에 우리 자신을 굳건히 세우라. 예수 그리스도께서 우리를 하나님의 보좌 앞에 흠 없이 세우는 데 필요한 모든 것을 이루셨다.

그리스도의 사역을 온전히 의지하는 수단은 오직 어린아이와 같은 단순한 믿음뿐이다. 이 사실을 마음속에 깊이 새기라. 이 믿음만 있다면, 하나님 앞에서 온전히 의롭다하심을 받을 수 있다. 이 사실을 조금도 의심하지 말라. 우리가 므두셀라만큼 오래 살고 바울 사도처럼 일한다고 하더라도 더 의롭게 되지는 않는다. 어떤 행위나 행동이든 말과 실천, 금식과 기도, 기부와 예식 참여든, 우리 자신의 노력은 믿음으로 얻는 칭의에 아무런 보탬도 되지 않는다.

주 예수님과 지속적으로 교제하라

무엇보다 우리는 주 예수님과 지속적으로 인격적인 교제를 나눠야 한다. 날마다 그분 안에 거하라. 날마다 그분을 바라보라. 날마다 그분을 의지하라. 날마다 그분을 우리의 양식으로 삼으라. 날마다 그분의 충만하심을 받아 누리라. 그렇게 한다면, 다른 중재자나 다른 위로자, 다른 중보자라는 개념이 전혀 터무니없다는 것을 알게 될 것이다.

"무엇이 필요한가?"라고 물으면, "나는 그리스도를 가졌다. 나는 그분 안에서 모든 것을 가진다. 내가 우상과 무슨 상관이 있는가? 나는 예수님, 곧 성경의 예수님이요 하늘에 계시는 예수님을 마음에 모셨다. 그러므로 무엇이 더 필요하겠는가!"라고 대답하라.

일단 주 예수 그리스도께서 우리의 마음속에서 마땅한 자리에 앉으신다면, 믿음의 다른 요소들도 이내 모두 제자리를 찾게 될 것이다. 교회와 목회자, 성례와 예식 등이 모두 본래의 부차적인 위치로 한 단계씩 내려갈 것이다.

그리스도께서 대제사장과 왕으로서 우리의 마음속의 보좌에 앉지 못하신다면, 우리의 의지 안에 자리 잡고 있는 작은 왕국은 항상 혼란에 휩싸일 것이다. 반면 그곳에서 그리스도께서 '전부'가 되신다면, 모든 것이 잘될 것이다. 그분 앞에서 모든 다곤, 곧 모든 우상이 무너질 것이다. 그리스도를 올바로 알고 올바로 믿고 진정으로 사랑하는 것이, 의식주의와 교황주의와 모든 형태의 우상 숭배를 물리칠 수 있는 참된 방책이다.

영국 국왕의 선언문

이 글을 읽은 모든 독자들이여, 다음 선언문의 내용에 주의하여 그것을 읽고, 배우고, 숙지하기를 당부한다. 이는 '왕위 계승법(Act of Settlement)'과 영국의 국법에 의해 결정된 선언문이다. 이 나라의 군주는 대관식을 할 때 모두 이 선언문을 작성해 서명하고 낭독해야 한다. 국왕인 빅토리아(Victoria) 여왕도 다음의 선언문을 작성해 서명하고 낭독했다.

"나 빅토리아는 주님의 성찬을 거행할 때나 그 이후에나, 어떤 사람에 의해서도 떡과 포도주가 그리스도의 살과 피로 실제로 변하지 않으며, 지금 로마 가톨릭교회에서 행하는 바 동정녀 마리아와 성인들을 숭배하고 그들을 향해 기도하는 행위와 미사의 희생이 미신이요 우상 숭배라는 것을 하나님 앞에서 엄숙하고도 진지하게 고백하고 증언하고 선언하는 바이다. 나는 내가 이 선언문을 작성했고, 모든 내용을 조금도 거리끼게 생각하거나 에둘러 표현하거나 모호하게 얼버무리지 않고, 흔히 사용하는 명백한 말, 곧 영국의 개신교인들이 일반적으로 이해하는 말로 스스로 낭독했다는 것을 엄숙하고도 진지하게 고백하고 증언하고 선언하는 바이다. 나는 이 목적을 위해 교황이나 다른 권위자의 특면장을 부여받은 적도 없고, 또 다른 권위자나 사람으로부터 그런 특면장을 부여받기를 조금도 바라지 않았다. 또한 교황이나 다른 권위자나 권력자가 이 선언문을 없애거나 폐지하고, 또 이것을 처음부터 아무런 효력을 지니지 못한 공허한 선언이라고 공포한다고 하더라도, 나는 이 선언문이나 그 내용 중 어느 것 하나에 대해서도 책임을 면하거나 하나님과 사람 앞에서 의무가 면제되지 않으며, 또 그렇게 될 수 있으리라고 생각하지도 않는다."

영국 국왕들이 위의 선언문을 작성하는 일이 절대 중단되지 않기를 간절히 바란다.

옮긴이 **조계광 목사**는 자유번역가로 활동 중이며, 총신대와 신대원을 졸업하고 영국 서리 대학 석사를 거쳐 런던 대학 박사 과정을 수료했다. 20여 년 동안 150여 권의 신앙서적을 번역했다. 대표적인 역서로는 『그리스도인의 경제 윤리』, 『오직 은혜로』, 『오직 성경으로』, 『하나님의 약속을 따르는 자녀 양육』, 『청년에게 전하는 글』, 『예기치 못한 여행』, 『하나님의 거룩하심』, 『남자의 소명』, 『여자, 그리스도인으로 살아가기』(지평서원), 제임스 패커의 『하나님의 인도』, 『오스 기니스, 고통 앞에 서다』와 '규장 퓨리탄 북스 시리즈' 등이 있다.

잉글랜드 P&R 시리즈 33
거짓에 속고 있는 교회에게

지은이 | J. C. 라일
옮긴이 | 조계광

펴낸곳 | 지평서원
펴낸이 | 박명규

편 집 | 정 은, 이윤경
마케팅 | 전두표

펴낸날 | 2013년 8월 8일 초판

서울 강남구 역삼동 684-26 지평빌딩 135-916
☎ 538-9640,1 Fax. 538-9642
등 록 | 1978. 3. 22. 제 1-129

값 9,500원
ISBN 978-89-6497-038-6-94230
ISBN 978-89-86681-78-9(세트)

메일주소 jipyung@jpbook.kr   **트 위 터** @_jipyung
홈페이지 www.jpbook.kr   **페이스북** www.facebook.com/jipyung